和谐校园文化建设读本

教学与考试

崔莹 任传华/编著

吉林教育出版社

图书在版编目(CIP)数据

教学与考试 / 崔莹,任传华编著. — 长春：吉林教育出版社，2012.6(2022.10重印)

(和谐校园文化建设读本)

ISBN 978-7-5383-8984-5

Ⅰ.①教… Ⅱ.①崔… ②任… Ⅲ.①教学工作－关系－考试－研究 Ⅳ.①G424

中国版本图书馆 CIP 数据核字(2012)第 116119 号

教学与考试
JIAOXUE YU KAOSHI

崔 莹 任传华 编著

策划编辑	刘 军 潘宏竹		
责任编辑	张 瑜	装帧设计	王洪义
出版	吉林教育出版社(长春市同志街1991号 邮编130021)		
发行	吉林教育出版社		
印刷	北京一鑫印务有限责任公司		
开本	710毫米×1000毫米 1/16 印张 12.5	字数	159千字
版次	2012年6月第1版 印次 2022年10月第3次印刷		
书号	ISBN 978-7-5383-8984-5		
定价	39.80元		

吉教图书　　版权所有　　盗版必究

编委会

主　　编：王世斌

执行主编：王保华

编委会成员：尹英俊　尹曾花　付晓霞
　　　　　　刘　军　刘桂琴　刘　静
　　　　　　张　瑜　庞　博　姜　磊
　　　　　　潘宏竹
　　　　　　（按姓氏笔画排序）

总 序

千秋基业,教育为本;源浚流畅,本固枝荣。

什么是校园文化?所谓"文化"是人类所创造的精神财富的总和,如文学、艺术、教育、科学等。而"校园文化"是人类所创造的一切精神财富在校园中的集中体现。"和谐校园文化建设",贵在和谐,重在建设。

建设和谐的校园文化,就是要改变僵化死板的教学模式,要引导学生走出教室,走进自然,了解社会,感悟人生,逐步读懂人生、自然、社会这三本大书。

深化教育改革,加快教育发展,构建和谐校园文化,"路漫漫其修远兮",奋斗正未有穷期。和谐校园文化建设的研究课题重大,意义重要,内涵丰富,是教育工作的一个永恒主题。和谐校园文化建设的实施方向正确,重点突出,是教育思想的根本转变和教育运行机制的全面更新。

我们出版的这套《和谐校园文化建设读本》,既有理论上的阐释,又有实践中的总结;既有学科领域的有益探索,又有教学管理方面的经验提炼;既有声情并茂的童年感悟;又有惟妙惟肖的机智幽默;既有古代哲人的至理名言,又有现代大师的谆谆教诲;既有自然科学各个领域的有趣知识;又有社会科学各个方面的启迪与感悟。笔触所及,涵盖了家庭教育、学校教育和社会教育的各个侧面以及教育教学工作的各个环节,全书立意深邃,观念新异,内容翔实,切合实际。

我们深信:广大中小学师生经过不平凡的奋斗历程,必将沐浴着时代的春风,吸吮着改革的甘露,认真地总结过去,正确地审视现在,科学地规划未来,以崭新的姿态向和谐校园文化建设的更高目标迈进。

让和谐校园文化之花灿然怒放!

本书编委会

目 录

第一章　考试的历史与现状 …………………………………… 001

　第一节　考试的发展演变过程 ………………………………… 001

　第二节　考试研究现状 ………………………………………… 008

　第三节　科举考试与今日应试的区别 ………………………… 011

第二章　考试的基本理论 …………………………………… 014

　第一节　考试的模式 …………………………………………… 014

　第二节　考试的功能 …………………………………………… 019

第三章　学校考试与教学 …………………………………… 024

　第一节　学校考试中的问题 …………………………………… 024

　第二节　考试中的教育观 ……………………………………… 025

　第三节　考试与教学 …………………………………………… 026

　第四节　考试与儿童心理发展 ………………………………… 031

　第五节　生活中的考试与教室里的考试 ……………………… 033

　第六节　12种陈旧落后的教学理念 …………………………… 035

第四章　学校考试过程 ……………………………………… 041

第一节　目标分析 ……………………………… 042
第二节　试题设计 ……………………………… 048
第三节　试卷编制 ……………………………… 053
第四节　考试实施 ……………………………… 062
第五节　试题评分 ……………………………… 062

第五章　试题制作技巧 …………………………………… 070

第一节　怎样制作客观式试题 ………………… 070
第二节　怎样制作论述式试题 ………………… 085
第三节　怎样制作语文试题 …………………… 086
第四节　作文标准化试题制作 ………………… 091

第六章　考试结果分析与利用 …………………………… 099

第一节　考试结果统计 ………………………… 099
第二节　考试结果分析 ………………………… 101
第三节　考试结果应用 ………………………… 107

第七章　考试与评价 ……………………………………… 108

第一节　评价活动意义 ………………………… 108
第二节　考试与评价 …………………………… 110
第三节　教学和考试的评估形式 ……………… 111

第四节　对待应试的两种现实主义态度 ·············· 113

第五节　新课程高中语文教学与考试评价面临问题分析 ······ 116

第八章　复习与考试 ·············· 120

第一节　试题解答方法指导 ·············· 120

第二节　考试"误区"分析与指导 ·············· 126

第三节　考试心理指导 ·············· 132

第四节　临场方法指导 ·············· 142

第五节　复习方法指导 ·············· 156

第九章　外国考试制度比较 ·············· 167

第一节　外国中小学学校考试 ·············· 167

第二节　各国考试制度模式 ·············· 176

第三节　各国考试制度改革现状 ·············· 184

第四节　各国考试制度改革面临的课题 ·············· 188

第一章　考试的历史与现状

第一节　考试的发展演变过程

中国是世界上最早采用考试方法来甄别选拔人才的国家。即使从狭义的科举——进士科举出现的公元605年算起，至1905年停罢科举，科举制也在中国整整存在了1300年之久。

隋朝：中国古代科举制度的起源

隋朝建立之初，也实行过九品中正制。但由于这种选官制度不利于中央集权的加强，隋文帝很快废除了这种制度，把选官任人的权力集中到中央朝廷的吏部。

开皇七年（587年）命各州每年向朝廷荐举三人做官。开皇十八年（598年），命"京官五品以上、总管、刺史，以志行修谨、清平干济二科举人"。可见这时隋朝已经摆脱了九品中正制的旧路子，开始向科举取士的新路子过渡。

隋炀帝大业三年（607年）诏令"文武有职事者，五品以上，宜依令十科举人"。并明确提出了十科举人的科目：孝悌有闻、德行敦厚、节仪可称、操履清洁、强毅正直、执意不挠、学业优敏、文才美秀、才堪将略、膂力骁壮。大业五年（609年）又将十科减为四科。分科考试选拔士人的旨意越来越明确。其中仍有"文才美秀"科，即进士科。

进士科以考试策问为主，一般把隋炀帝创设进士科作为科举考试制度正式产生的标志。科举考试，把录取和任用权完全集中在中央。科举考试取士的特点是录取标准专凭试卷，专重资才，而不是由地方察举。所谓声名德望已不再是主要的依据了。两汉、魏晋南北朝时期的察举和九品中正制，虽也含有考试，但是以推荐察举为主，而隋以后的科举则以考试为主。这是中国古代选士制度的一大分界线。

科举考试制度的开创，在一定程度上限制了门阀士族把持选士的局面，为庶族地主参加政权开辟了道路，扩大了统治阶级的阶级基础。这是隋代为了维护与巩固其统治，在政治上所进行的一项重大改革。科举考试，毕竟有了相对稳定的客观标准，轻门第，重才学，任人唯贤，这在中国古代选士制度上确实是一次变革与进步。不过隋代的科举考试制度尚属开创阶段，还很不健全。

唐朝：中国古代科举制度的完备

在隋代开创的科举考试制度的基础上，唐代进一步完善了科举考试制度。

唐代参加科举考试的考生，来源有二：

一是"生徒"，即当时在中央官学与地方官学上学的在校生。只要他们在学校内考试合格，便可以直接参加朝廷尚书省主持的考试，也称为省试。

二是"乡贡"，即不在学校上学的社会知识青年欲参加科举考试的，可以向所在州、县官府报考。

报考办法是：

每年仲冬（农历十一月），中央官学和州县学馆把通过校内考试合格的"生徒"名单报送至尚书省。"乡贡"则由各人带自己的身份材料、履历证书到所在州、县报名，州、县逐级对他们进行考试，合格者由地方官长史举行乡饮酒之礼饯行，然后送至京城长安参加尚书省的省试。无论"生徒"或"乡贡"，送至尚书省报到后，均须填写姓名履历及具保结（有担保人），由户部审查后，送考功员外郎考试，自开元二十四年（736年）起移试于礼部。

礼部命题考试的时间大约是每年暮春（农历三月），所以当时有"槐花黄，举子忙"之谚，苏东坡后有"强随举子踏槐花，槐花还似昔时忙"之诗。省试发榜后，合格者再参加吏部复试，吏部发榜后，合格者方可授官。简单地说，报考的步骤是：乡试（州、县考试）——省试（尚书省礼部考试）——吏部复试。

唐朝廷规定，触犯过大唐法令的人、工商之子以及州县衙门小吏不得参加科举考试。如将上述不合格的士人推举到尚书省应试的，无论是学校的祭酒还是地方官长史，都要受罚。所以《新唐书·选举志》说："凡贡举非其人者，废举者，校试不以实者，皆有罚。"

宋朝：中国古代科举制度的改革时期

宋代的科举，大体同唐代一样，有常科、制科和武举。相比之下，宋代常科的科目比唐代大为减少，其中进士科仍然最受重视，进士一等多数可官至宰相，所以宋人以进士科为宰相科。宋吕祖谦说："进士之科，往往皆为将相，皆极通显。"当时有焚香礼进士之语。进士科之外，其他科目总称诸科。宋代科举，在形式和内容上都进行了重大的改革。

首先，宋代的科举放宽了录取和作用的范围。宋代进士分为三等：一等称进士及第；二等称进士出身；三等赐同进士出身。由于扩大了录取范围，名额也成倍增加。唐代录取进士，每次不过二三十人，少则几人、十几人。宋代每次录取多达二三百人，甚至五六百人。对于屡考不第的考生，允许他们在遇到皇帝策试时，报名参加附试，叫特奏名。也可奏请皇帝开恩，赏赐出身资格，委派官吏，开后世恩科的先例。

宋代确立了三年一次的三级考试制度。宋初科举，仅有两级考试制度。一级是由各州举行的取解试，一级是礼部举行的省试。宋太祖为了选拔真正踏实于封建统治而又有才干的人担任官职，为之服务，于开宝六年实行殿试。自此以后，殿试成为科举制度的最高一级的考试，并正式确立了州试、省试和殿试的三级科举考试制度。殿试以后，无须再经吏部考试，直接授官。宋太祖还下令，考试及第后，不准对考官称师门，或自称门生。这样，所有及第的人都成了天子门生。殿试后分三甲放榜。南宋以后，还要举行皇帝宣布登科进士名次的典礼，并赐宴于琼苑，故称琼林宴，以后各代仿效，遂成定制。宋代科举，最初是每年举行一次，有时一二年不定。宋英宗治平三年，才正式定为三年一次。每年秋天，各州进行考试，第二年春天，由礼部进行考试。省试当年进行殿试。

从宋代开始，科举开始实行糊名和誊录，并建立防止徇私的新制度。从隋唐开科取士之后，徇私舞弊现象越来越严重。对此，宋代统治者采取了一些措施，主要是糊名和誊录制度的建立。糊名，就是把考生考卷上的姓名、籍贯等密封起来，又称"弥封"或"封弥"。宋太宗时，根据陈靖的建议，对殿试实行糊名制。后来，宋仁宗下诏省试、州试均实行糊名制。但是，糊名之后，还可以认识字画。根据袁州人李夷宾建议，将考生的试卷另行誊录。考官评阅试卷时，不仅仅不知道考生的姓名，连考生的字迹也无从辨认。这种制度，对于防止主考官徇情取舍的确发生了很大的效力。但是，到了北宋末年，由于政治日趋腐败，此项制度也就流于形式了。宋代在考试形式上的改革，不但没有革除科举的痼疾，反而使它进一步恶化。

宋代科举在考试内容上也作了较大的改革。宋代科举基本上沿袭唐制，进士科考帖经、墨义和诗赋，弊病很大。进士以声韵为务，多昧古今；明经只强记博诵，而其义理，学而无用。王安石任参知政事后，对科举考试的内容着手进行改革，取消诗赋、帖经、墨义，专以经义、论、策取士，所谓经义，与论相似，是篇短文，只限于用经书中的语句作题目，并用经书中的意思去发挥。王安石对考试内容的改革，在于通经致用。熙宁八年，神宗下令废除诗赋、帖经、墨义取士，颁发王安石的《三经新义》和论、策取士，并把《易官义》《诗经》《书经》《周礼》《礼记》称为大经，《论语》《孟子》称为兼经，定为应考士子的必读书。规定进士考试为四场：一场考大经，二场考兼经，三场考论，最后一场考策。殿试仅考策，限千字以上。王安石的改革遭到苏轼等人的反对。后来随着政治斗争的变化，《三经新义》被取消，有时考诗赋，有时考经义，有时兼而有之，变幻不定。

明朝：中国古代科举制度的鼎盛时期

元代开始，蒙古人统治中原，科举考试进入中落时期，但以四书试士，却是元代所开的先例。

元朝灭亡后，明王朝建立，科举制进入了它的鼎盛时期。明代统治者对科举高度重视，科举方法之严密也超过了以往历代。

明代以前，学校只是为科举输送考生的途径之一。到了明代，进学校却成为了科举的必由之路。明代入国子监学习的，通称监生。监生大体有四类：生员入监读书的称贡监，官僚子弟入监的称荫监，举人入监的称举监，捐资入监的称例监。监生可以直接做官。特别是明初，以监生而出任中央和地方大员的多不胜举。明成祖以后，监生直接做官的机会越来越少，却可以直接参加乡试，通过科举做官。

参加乡试的，除监生外，还有科举生员。只有进入学校，成为生员，才有可能入监学习或成为科举生员。明代的府学、州学、县学称作郡学或儒学。凡经过本省各级考试进入府、州、县学的，通称生员，俗称秀才。取得生员资格的入学考试叫童试，也叫小考、小试。童试包括县试、府试和院试三个阶段。院试由各省学政主持，学政又名提督学院，故称这级考试为院试。院试合格者称生员，然后分别分往府、州、县学学习。生员分三等，有廪生、增生、附生。由官府供给膳食的称廪膳生员，简称廪生；定员以外增加的称增广生员，简称增生；于廪生、增生外再增名额，附于诸生之末，称为附学生员，简称附生。考取生员，是功名的起点。一方面，各府、州、县学中的生员选拔出来为贡生，可以直接进入国子监成为监生。一方面，由各省提学官举行岁考、科考两级考试，按成绩分为六等。科考列一、二等者，取得参加乡试的资格，称科举生员。因此，进入学校是科举阶梯的第一级。

明代正式科举考试分为乡试、会试、殿试三级。乡试是由南、北直隶和各布政使司举行的地方考试。地点在南、北京府及布政使司驻地。每三年一次，逢子、午、卯、酉年举行，又叫乡闱。考试的试场称为贡院。考期在秋季八月，故又称秋闱。凡本省科举生员与监生均可应考。主持乡试的有主考二人，同考四人，提调一人，其他官员若干人。考试分三场，分别于八月九日、十二日和十五日进行。乡试考中的称举人，俗称孝廉，第一名称解元。唐伯虎乡试第一，故称唐解元。乡试中举叫乙榜，又叫乙科。放榜之时，正值桂花飘香，故又称桂榜。放榜后，由巡抚主持鹿鸣宴。席间唱《鹿鸣》诗，跳魁星舞。

会试是由礼部主持的全国考试，又称礼闱。于乡试的第二年即逢辰、戌、未年举行。全国举人在京师会试，考期在春季二月，故称春闱。会试也分三场,分别在二月初九、十二、十五日举行。由于会试是较高一级的考试,同考官的人数比乡试多一倍。主考、同考以及提调等官,都由较高级的官员担任。主考官称总裁,又称座主或座师。考中的称贡士,俗称出贡,别称明经,第一名称会元。

殿试在会试后当年举行,时间最初是三月初一。明宪宗成化八年起,改为三月十五。应试者为贡士。贡士在殿试中均不落榜,只是由皇帝重新安排名次。殿试由皇帝亲自主持,只考时务策一道。殿试毕,次日读卷,又次日放榜。录取分三甲:一甲三名,赐进士及第,第一名称状元、鼎元,二名榜眼,三名探花,合称三鼎甲。二甲赐进士出身,三甲赐同进士出身。二、三甲第一名皆称传胪。一、二、三甲通称进士。进士榜称甲榜,或称甲科。进士榜用黄纸书写,故叫黄甲,也称金榜,中进士称金榜题名。

乡试第一名叫解元,会试第一名叫会元,加上殿试一甲第一名的状元,合称三元。连中三元,是科举场中的佳话。明代连中三元者仅洪武年间的许观和正统年间的商辂二人而已。

殿试之后,状元授翰林院修撰,榜眼、探花授编修,其余进士经过考试合格者,叫翰林院庶吉士。三年后考试合格者,分别授予翰林院编修、检讨等官,其余分发各部任主事等职,或以知县优先委用,称为散馆。庶吉士出身的人升迁很快,英宗以后,朝廷形成非进士不入翰林,非翰林不入内阁的局面。

明代乡试、会试头场考八股文。而能否考中,主要取决于八股文的优劣。所以,一般读书人往往把毕生精力用在八股文上。八股文以四书、五经中的文句做题目,只能依照题义阐述其中的义理。措词要用古人语气,即所谓代圣贤立言。格式也很死。结构有一定程式,字数有一定限制,句法要求对偶。八股文也称制义、制艺、时文、时艺、八比文、四书文。八股文即用八个排偶组成的文章，一般分为六段。以首句破题，两句承题，然后阐述为什么，谓之起源。八股文的主要部分是起股、中股、后股、束股四个段落，每个段落各有两段。篇末用大结，称复收大结。八股文是由宋代的经义演变而成。八股文的危害极大，严重束缚人们的思想，是维护封建专制统治的工具，同时也把科举考试制度本身引向绝路。明末清初著名学者顾炎武愤慨地说："八股盛而《六经》微，十八房兴而二十一史废。"又说："愚以为八股之害，甚于焚书。"

清代：中国古代科举制度的灭亡

清代的科举制度与明代基本相同，但它贯彻的是民族歧视政策。满人享有种种特权，做官不必经过科举途径。清代科举在雍正前分满汉两榜取士，旗人在乡试、会试中享有特殊的优待，只考翻译一篇，称翻译科。以后，虽然改为满人、汉人同试，但参加考试的仍以汉人为最多。

科举制发展到清代，日趋没落，弊端也越来越多。清代统治者对科场舞弊的处分虽然特别严厉，但由于科举制本身的弊病，舞弊越演越烈，科举制终于消亡。

第二节 考试研究现状

回顾考试的历史，我们明确了考试是怎样一步一步发展到今天这种形态的。然而考试的发展并没有中断，如今正处于新的变化过程中，人们正在对考试进行新的探索与改革。这是一种国际性的实验研究，世界各国都在进行，毋庸置疑，我们必须对考试研究的新动向和发展现状有所了解，这种了解将启发我们的思考，激发我们进一步改革的欲望，以求达到世界先进水平。

1. 当前考试研究发展的动向

当前世界考试研究发展的动向，可归纳为如下几个方面：

第一，从以笔纸为主的考试方式，向多种形式的考试方式转变。

第二，从以记忆为中心的考试，向以创造性、问题意识性为中心的考试发展。

第三，从以划分等级为目的的考试，向以刺激学生不断学习的动机为目的的考试方向发展。

第四，从以课程终结的考试，向与课程同步进行的考试方向发展。

第五，从以单纯地考查学生的学习成绩的考试，向多方面考查学生各种能力的考试方向发展。

第六，从相对评分方法，向具有教育目标体系的绝对评分方法发展。[①]

人们在不断地探索与实验，力求在这些方面有新的突破和成功。在这个过程中一些新的考试理论诞生了，如：教学目标考试理论，到达度考试理论等等。伴随电子计算机的广泛应用，考试在技术上出现了更新。一些国家建立了国家考试试题题库，将几十万条试题存在计算机中，应用时，则根据考试目的、要求、对象等设计出具体试题方案，计算机根据设计方案随机取题。在评分上，许多国家都采用计算机评分，用机器评分，不仅快，而且最后能够打出考生每项考试的成绩，各项成绩的平均值、标准差及顺序号等许多数值的成绩单，以备使用和参考。

考试研究的动向尽管涉及方方面面，但就考试实质性问题的研究

---

① 《现代教育评价讲座》[日]，梶田睿一著，文化社。

仍集中在试题形式、评分客观性、结果分析的科学性这三点上。

2. 考试类型

现代考试根据其特性不同，可分成不同类型：

第一，根据考试工具不同，可分成笔纸考试和器具考试。前者是用试题卷和答题卷的形式；后者是用不同工具和道具进行考试的形式，例如：乐器、体操等考试。

第二，根据考试内容不同，可分成学历考试、兴趣考试、性格考试、智力考试，适应性考试等。学历和智力考试是判断优劣、高低的考试；而兴趣、性格、适应性考试是判断个性特点的考试，一般称为测验。

第三，根据目的不同，可分成选拔性考试、诊断性考试、形成性考试、总结性考试、模拟性考试、资格考试、预测性考试、强化性考试等。诊断性、形成性、总结性考试是为教学过程服务的考试。强化考试是为课堂教学服务的考试。选拔性和资格考试是为招生招工服务的考试。模拟和预测性考试是为正式考试前准备的考试。

第四，根据人数不同，可分成统一考试、集体考试、个别考试。统一考试范围大至全国，小至一个学校。集体考试是指一个小集体，如班级、小组的考试。个别考试是指单个学生参加的考试，比如特殊技能专业考试，就必须是个别考试。

第五，根据回答形式的不同，可分为客观式考试和论述式考试。客观式考试有完成法、改错法、组合法、真伪法、多选法、再配列法等等，其采分比较容易，但试题制作较难。论述式考试采分易受评分人的主观意识左右，但试题制作较易。

第六，根据制作方法不同，可分为标准化考试和教师出题考试。

标准化考试要求基准的确定、问题形式的选定、采分方法、统计分析等都必须标准化，因此花费时间、劳力及费用较大。教师出题考试则是教师根据自己教的学生的实际情况制作试题进行的考试，不需要费很大的事，并能密切结合教学实际。

第七，根据对能力要求不同，可分成速度性考试和质量性考试。速度性考试的试题并不太难，但量大面广，在一定时间内，看每个考生能答完多少，它要求的是速度（熟练程度）加准确（知识基础的掌握），即靠量来测定速度。如外语读解能力、计算能力考试等等都属于这类考试。质量性考试，时间很充足，但试题难，它要求深度，即通过对知识理解、掌握、运用的深度来把握质量。能力考试一般都采取后一种形式。

第三节　科举考试与今日应试的区别

科举考试目标非常集中，完全是为了选拔官员；今日应试不是这样，要通过考试选拔各种各样的人才，不仅是行政官员。今日考试还有普遍提高学生文化水平的作用，这是科举考试所没有的。

科举考试几乎可以说是只考语文，学生的知识结构非常狭窄偏颇，严重阻碍了我国科学技术的发展。今日考试有外、语、数、理、化等，知识面宽多了。

科举考试中考官的阅卷，主观性非常强，甚至个人好恶也可以成为评卷标准，客观性很差；今日考试虽然不敢说绝对公平，起码是比较客观的。

从这些方面讲，今日考试比科举考试先进多了。

再从考生个人角度考查一下科举考试与今日应试的区别。

科举考试是自愿的，没有读书条件的穷人不去科举，有条件而不考，谁也管不着。

科举考试是集中的，但平日读书无须集中，可以拜师，也可以自学。就是说，只要到时候去参加考试，平日几时起床，何时读书，读书时是否伴随多动症，那是没人管的。

准备参加科举的考生平日没有什么家庭作业，也绝不会有一大堆小测验、练习册、模拟考试什么的，当然也就没有班级排名，不会有成绩降了几分老师就给家长打电话那种事情。

科举考试允许失败，一次不行下次可以再来，只要自己高兴，可以一直考到白发苍苍，和自己的孙子同时进同一个考场也是有可能的。不像今日的考试，几乎是砂锅砸蒜——一锤子买卖。可以想象，参加科举的考生们，考场心理压力要比今日考生小。

参加科举考试的考生一般都比今日考试的学生年龄大，科举考试可以说是一种成人考试。成人当然比未成年人身心智力更成熟，抗挫折能力更强一些。

可见，古代参加科举考试的学生比今日考试的学生压力要小得多，所以我们很少听说那时候有因考不中而自杀的。在这个意义上可以说，今日的考试比科举更加残酷。

再从教师角度看看科举与今日应试的区别。

培养科举的初级考生（即准备考秀才的童生）的老师，是私塾老师。私塾老师不是国家行政人员，没有校长和局长之类的上司，教什么，怎么教，完全自己做主。他不负责学生考什么重点中学、重点大学。帮你长学问、长本事，教你如何做人，这是我的事；考不考科举，考上考不上，那是你的事，我不负责。教师还有权挑选学生。比如：鲁迅的私塾老师寿镜吾先生，一年只收8个学生，绝对是小班教学，个别辅导。你想当我的学生，我还不一定愿意要你呢！今日教师无法选择学生，学生也无法选择教师。

今日应试与古代的科举考试有一个共同的优点：相对公平。在可预见的将来很难找到一个更公平有效的办法，把那些处于社会下层的孩子提到上层来，以保持社会的活力，以维护社会多数成员的心理平衡。考试确实造成了很多社会问题，但是若没有考试，社会问题会更大，简直无法稳定。

而今日之应试与古代科举也有一个共同的缺点：引导学生为了考试而学习，这会严重妨碍学生全面素质的提高，会造就大批善于考试的书呆子，特别不利于培养学生的创造力。

第二章 考试的基本理论

第一节 考试的模式

模式（Model）即模型、类型、样式的意思（还有模特的意思）。考试制度模式是考试活动的类型，以表示一种体制形式和另一种体制形式之间的区别。[①] 考试主要有三个模式：资格考试、选拔考试和学业考试。

1. 资格考试

从事某项活动必须具备的基本条件一般称为资格，资格考试就是评价和审查一个人是否达到规定的基本条件的活动。[②] 例如：医师证考试、驾驶证考试、律师证考试、教师资格考试、药剂师资格考试、专业技师资格考试、我国专业证书考试等都是资格考试。现代社会中，把学历也作为一种资格，所以学历考试也是资格考试的一种。资格考试分学历资格考试、职业资格考试和技术资格考试。

资格考试有以下几个特点：

第一，目的，审查考生是否已达到所要求的基本条件和水平。因此有明确的资格要求或条件，只要达到条件即可通过。

第二，类型，资格考试条件清楚，要求明确，达标即可通过，所以属于排劣型考试，即以排除不合格者为考试目的。

第三，评价方法，资格考试有明确条件，属于目标参照性考试，

[①] 《社会主义经济体制比较通论》，关梦觉等，第36页，辽宁人民出版社，1984年12月版。
[②] 《平凡社大百科事典》［日］6卷，第675页。

即绝对考试。考试是将考生与目标相对照，反映考生知识与目标间绝对差。(见图1)①

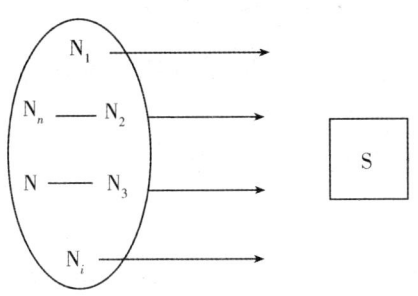

N为学生，S为标准

图1

第四，考试方法和过程，资格考试审查考生所学课程、课时等基本条件和考生实际水平。考试内容基点放在面向大多数。

第五，适用范围，属于水平考试，用于实际水平测量的所有考试。

第六，难度和表示方法，资格考试水平稳定，由于主要区分是否达标，所以没有过难或过易试题，但总体难度偏高。如：司机、医师考试，往往需通过90％的试题才为合格。分数表示方法一般采用等级制，有二级制（合格和不合格）、四级制（A、B、C、D或优、良、及格、不及格）、五级制（5、4、3、2、1）。

第七，结果，认定并授予一定资格、学历或给予一定社会地位。因此，资格考试是一种社会性考试。

2. 选拔考试

选拔考试是以一定资格为前提的，由于受名额或特殊技能限制而进行的以挑选为目的的考试。入学考试（中考、高考、研究生入学考

---

① 《教学评价新动向》，日本教育评价研究会编，第110页，图书文化社，1977年版。

试等)、招工考试、招干考试都属于选拔考试。

选拔考试有以下几个特点：

第一，目的，选拔考试是用来预测考生将来的学习能力或职业、技术等特殊职业倾向，预测考生是否能适应新的工作和学习的要求，为招考人员决策提供信度较高的信息。

第二，类型，选拔考试是以具有一定资格的考生为对象，严格地说只要是经审查合格，允许报名者都符合一般条件（可以入学），只是由于名额限制，必须从中挑选最优者，所以属于选优型考试，即以选择优秀者为目的的考试。

第三，评价方法，选拔考试没有明确条件，属于常模或集合参照考试，即相对考试，它用每个考生在考生团体中的相对位置来解释考试分数。考试成绩必须呈正态分布。（见图2）①

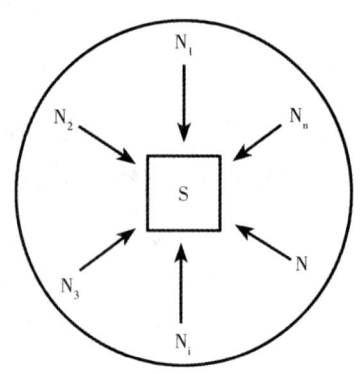

N代表学生，S表示常模

图2

第四，考试方法和过程，选拔考试是基于资格审查、多种评价资料，考查考生实际能力和水平，考试内容面向少部分优秀生。

---

① 《教育评价新动向》，日本教育评价研究会编，第110页，图书文化社，1977年版。

第五,适用范围,选拔考试多用于应试人员水平及能力区分。

第六,难度和表示方法,难度将呈正态分布,结果多用标准分,如:Z分数、T分数、百分制来表示。

第七,结果,考查实际能力,用以选拔。

3. 学业考试

学业考试是学校评估教学效果的考试,是学校教学过程的一个环节,是教学工作的重要组成部分。[①] 学业考试与学校教学活动几乎同时出现,似孪生兄弟一样,一些教学方法就是考试方法,考试方法也可以作为教学方法运用。古希腊的哲学家、教育家苏格拉底创造的"产婆术"就是提问式教学方法,教育史上也把"产婆术"作为古代考试方法之一也不无道理。[②] 现代教学方法中,诸如提问法、作业法等也具有考试作用,考试也是教学过程的重要的一个环节。

学业考试分为诊断性考试、形成性考试和总结性考试。[③] 诊断性考试也称摸底考试,是教师上新课前为了解学生基础知识水平而进行的考试。教师根据考试成绩来安排教学计划,或编教学小组。形成性考试是为了取得教学过程反馈信息,确认问题的所在点及其原因而进行的一种考试,通常作为教师随堂考试出现。总结性考试是在课程或学期、学年结束时,为评定教学效果和学生成绩而进行的考试。三种考试特点如下表。

[①] 《教学论稿》,王策三编,第297页,人民教育出版社,1985年版。
[②] 《标准化考试应试方法》,第2页,中国新闻出版社,1990年版。
[③] 《标准化考试应试方法》,第23页,中国新闻出版社,1990年版。

	诊断性考试	形成性考试	总结性考试
目的	了解学生实际知识水平，在教学过程中确认反复出现的问题原因	提供反馈信息，确认问题的所在点及其原因	检查教学效果，认定学生成绩
时间	学期单元之前	教学过程中或教学小阶段	单元、学期、学年的课程结束时
试题难度	尽可能用较简单但是题量较多的试题构成	事前不能指定	试题按难易层次排列

以上就学业考试的三种类型说明考试各自特点，如果从学业考试总体来看有以下重要特点。

第一，学业考试作为教学过程的一环，不能脱离教学过程，应该以教学大纲为出题基本依据，同时要把考试与复习结合起来，通过考试来促进学生对所学知识的进一步理解，使学生更牢固地掌握基础知识，从而紧密地为教学服务。

第二，学业考试通过检查考生努力取得多少成绩、进步多少、为检查教学效果提供依据，通过信息反馈，了解教学中的问题、障碍和结症，因此对考试结果必须从教和学两方面进行分析，这是最终目的。

第三，学业考试评价方法采用个体参照考试方法，即每个考生同自己前次考试成绩结果相对照，以表示每个考生变化情况，使考试具有教育性。（见图3）[1]

---

[1] 《教育评价新动向》[日]，日本教育评价研究会编，第110页，图书文化社。

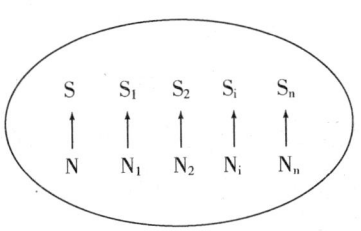

N 代表学生，S 代表前次考试成绩

图 3

第二节 考试的功能

任何事物的存在，都必须具有能适应环境变化的多种功能，否则就不能延续下去。"考试之所以蓬勃发展，同样是由于它具有多种功用的性质，考试常常适应多种目的的需要，当某个目的过时了或者与它不相干了，考试仍然能够以其他理由而存在"。[①] 所谓功能，是指事物所具有的作用、能力和功效等，或者说是一种积极作用和影响，一种对个体需要肯定和满足。那么考试制度具有什么功能？根据考试的自然属性、社会属性和考试应用领域的不同以及考试所带来的其他效应，可分为考试的基本功能、考试的社会功能。

1. 考试的基本功能

考试的基本功能是指考试自然性、技术性的功能，它是考试其他功能的基础，考试的其他功能都是考试的基本功能的社会发展。

第一，考试的评定功能。考试的评定功能是指考试能够测量进而鉴定人在知识、技能是否达到一定标准或其实际水平。水平考试中，根据教学目标、技能要求制作试题，凡达到或超过标准者为"合格"或"通过"，反之为"不合格"或"不通过"。评定考试反映考生与目

---

① 《考试的新探索》[英]，蒙哥马利著，第14页，广西人民出版社，1984年版。

标的绝对关系,用绝对分数来表示。

考试评定功能的发挥要有可操作的目标为基础,目标、标准模糊,不确切或不可操作都不能使考试发挥其评定功能,即不能测量。所以有效地发挥考试的评定功能,关键的一环是提出知识、技能的基本要求,建立目标、标准体系或双目标结构表。目标、标准不精确(不能操作)或不可能精确(不可能操作)的考试,将会影响考试功能的发挥,甚至危害到考试对象。

第二,考试的区分功能。考试的区分功能是指考试能在不同层次上区分考生的相对水平。在选拔性考试中,通过不同层次或不同难度的试题测验,把考生区分为不同等级,从而为选拔提供依据。区分性考试实际是考生与考生间进行相对比较,考试结果应该能反映考生间相对关系,因此,为区分方便,一般考试结果用表示等距的标准分来表示(标准分实际反映每个分值与均值间的差,即每个考生在整体的相对位置)。

发挥考试的区分功能,主要在于试题内容梯度结构合理性,试题内容梯度结构表现为:一是内容的层次性,每个内容都有不同的层次,如知识考试中,每个知识点都有概念、理解、运用、判断等不同层次,不同层次能考查出考生对同一知识点掌握的深度;二是内容的全面性,即考查考生知识的广度;三是内容的表现形式,是概述还是综合等。以上三点反应为试题的难度,试题的难度与区分度成反比,难度越大,区分度越高,选拔排队比较也就容易。反之,难度越小,区分度就越低,选拔排队比较也困难。另外,发挥考试的区分功能,也要注意运用分数、解释方法,标准分最适合区分考试的要求,因此,选拔性考试必须运用标准分。但是水平考试也用标准分,特别是学校教学考试也滥用标准分,会加剧考生间的竞争,因为标准分反映的不是考生与教学目标的关系,而是考生与考生之间关系。正确运用考试,是发挥考试功能的重要方面。

第三，考试的预测功能。考试的预测功能是指考试能在一定程度上预测考生将来专业适应性和能力倾向。在一些选拔性考试中，选拔目的并非选拔层次和水平高的考生，而是要选拔某个方面专业能力、潜力大的考生，这种考试不是为了简单的区分考生的层次、水平，而是为了考查现有某方面能力，从而预测其将来专业适应性，即是否具有从事某项专业知识、技能学习的潜能。现在各国在选拔飞行员考试中，都采用能力预测考试，它可使飞行员训练成功率得到显著提高，减少因心理、能力不足而被淘汰的因素。美国大学入学考试中就有能力预测性考试，如美国的 AT 考试、ACT 考试都属于能力倾向测验，它向大学方面提供的不仅仅是考生知识水平的报告，而且还能提出该考生能力、专业倾向的报告，供大学方面参考。日本在 20 世纪 60 年代也试行过一段能力测验。

发挥考试的预测性功能与发挥考试评定功能一样，要求必须对所预测的专业或能力能提出清晰的可操作的结构目标，如司机的基本能力目标有哪些，搞计算机软件人才能力结构是什么等，不清或不可测的能力就不适合于用考试方法。还有一些能力测量，由于方法简单，模拟训练本身就是应试方法的学习，很容易引导考生进行应试学习，由于应试训练并不难，这样反过来又影响考试效度。

第四，考试的诊断功能。考试的诊断功能是指通过考试能够发现考生知识学习或技能掌握中的问题点和问题形成的原因。考试的诊断功能是考试的评定功能的另一面，后者着眼于"结果"和"实际水平"，前者着眼于"问题具体表现"和"形成原因"。它主要应用于教学过程，是教师发现教学过程中存在的问题，改进教学的手段。

发挥考试的诊断功能，主要在于考试后结果分析上。通过对结果的分析，可知道考生个人或整体问题点在哪里，能力要求方面有哪些不足；通过对问题原因的分析，可知道问题出现的具体原因，以便教师改进教学工作，学生本人抓住难点进行学习。

2. 考试的社会功能

考试的社会功能是指考试的社会性功能，多为考试制度的功能。目前，考试可分为两大领域，一是校内考试，二是校外考试。依其应用领域的要求、目的不同，考试制度的社会功能可分为教学功能和社会功能。

第一，考试的教学功能。考试的教学功能主要指校内考试制度的功能。校内考试包括校独立主持的招生考试和毕业考试、期中考试、期末考试、随堂考试、学年考试等。考试的教学功能有以下几点：

（1）诊断与反馈功能，考试是教学环节的一部分，教师通过考试了解学生学习进展、问题点，形成问题的原因以及学生的实际水平。

（2）考试法本身也可以作为一种教学方法，学校教学中最早的考试方法就是一种教学方法，如：苏格拉底的"产婆术"。

（3）决定学生升、留级。

（4）决定教学进度、方法的调整。

（5）被用来指导学生职业发展。

考试的教学功能的核心功能是诊断与反馈，保证教学顺利进行，减少教学的盲目性和教师对学生的偏见。

第二，考试的社会功能。考试的社会功能主要指校外考试制度的功能。校外考试有会考、统考、联考等，如：毕业会考、统一招生考试、年末联考、招工、招干考试等。考试的社会功能有以下几点：

（1）考试是促进人员流动的主要渠道，通过考试可以改变一个人的社会地位。

（2）考试在一定程度上起到传播、延续人类文化的作用。

（3）从整体上、宏观上对学校教育起到一定评价作用。

（4）社会选拔和授予资格。

考试的社会功能是考试制度的主要功能，它对社会的变革、发展和稳定起着重要作用，也是社会矛盾的中心，一直是考试制度研究的焦点。

考试的形式是永恒的，但是随着经济结构、教育职能的改变，考试的事实上的价值观念会发生变革的。考试将从观念上的公平尺度象征，转向社会化的一个环节。

第三章　学校考试与教学

学校教学离不开考试，考试是教学过程的一个重要环节。没有考试的教学就好比没有水的磨，很难保持正常教学水平的稳定与提高；相反，考试的性质又制约、影响教学和学生学习。学校考试与教学、学习关系是个十分重要的教育研究命题。

第一节　学校考试中的问题

1. 问题种种

考试是随着教学出现而产生，随着课堂教学形成而独立，此后，考试成为教学过程的重要组成部分。但是，考试确实给学校教育带来许多新问题，引起教师、家长以及社会的关注和批评。如：考试造成死记硬背，教师只注意知识传授而忽视德、体、美特别是能力的传授；考试使学生变得枯燥无味，学生整天处于焦虑不安的心理；考试成为教师奖励的手段，学生追求学习的外部动机；考试使同学间的伙伴关系变成了竞争对手关系，校内人际关系越来越淡泊；考试是奖励顺从者、适应者，惩罚弱者、有个性者，使学生变得谨小慎微，缺少个性；考试使成功者趾高气扬，而失败者灰心丧气，甚至失去了生活的勇气；考试又造成师生间的隔阂和同学间的隔阂等等。这些问题严重影响学生全面发展，受到教师、家长和社会的批评。

2. 考试的争论

那么如何看待考试的意义和作用，出现了不同的意见。这种争论是教育史上古老而又现实的课题。一种意见认为考试的实施弊大于利，主张取消考试，创设无考试学校，历史上许多著名教育家，如：蒙泰梭利、杜威等等都提倡无考试学习。另一种意见坚持考试，无考试的教学是个不完整的过程，通过考试实现师生间的信息交流，学生也可以自我评估。但是对于考试带来的弊端无所作为。还有一种意见主张把考试仅作为测评的手段，对学生实行全面评价，考试是评价的信息源，评价是考试的综合，考试的社会功能，如：升级、升学、奖学金授予等功能由评价实现，考试仅仅是技术性测评，这样考试中心变成评价中心，评价是全面的、多方的、全过程的，有力地抑制了考试之所弊，发扬评价之所长。第三种意见和方案受到大多数国家和学校的欢迎，很快遍及全世界，成为学校考试制度的主流。那么，评价制度的施行是否丢弃了考试或减弱考试，正相反，正是由于评价的实施，对考试的严密性提出了更高的要求。

第二节　考试中的教育观

教师对待考试的不同观点，直接影响考试作用的不同发挥，也会造成考试与教学间的不同关系。

1. 功利主义的考试观

功利主义的考试观是将考试作为追求某种功利的手段，如：提高升学率，提高排名次率等，以期通过考试提高自己及本校的社会声誉，因此拼命压学生，或亲自带领学生大搞题海攻坚战，使考试成为师生共同追求的目标。

2. 惩罚主义的考试观

惩罚主义的考试观是把考试当作管、卡、压学生的工具，用考试"管"学生学习，用考试"卡"学生活动，用考试"压"学生服从教师，用考试维持教学，用考试分数惩罚学生，使考试失去了它应起的作用。

3. 发展主义的考试观

发展主义的考试观是把考试当作促进学生全面发展的过程，考试与评价结合，考试只是评价手段之一，还有其他评价手段，通过全面评价学生促进学生全面发展。

4. 能力主义的考试观

能力主义的考试观主张通过考试来培养或发展儿童的能力。认为教会儿童学会学习是培养儿童能力的大主题，但是儿童自己不会自我评价，缺乏自我评价能力就不能达到真正意义或完全意义的学会学习。因此强调考试目的在于培养儿童自我评价能力。

第三节 考试与教学

教学与考试是怎样的一种关系？有人以为教学就是为了考试，一切事情都围绕着考试来，考试左右了教学，这是把两者关系狭隘化了；有人以为考试可以衡量教学，学生考得好就是教学教得好，这是把两者关系单一化。不要忘了，两者之间还有学生，只有把学生算进来，才能更好谈两者的关系。

在教育教学实践中，我们不难发现一些现象，有的学校说的是素质教育，实行的却仍然是应试教育，扭曲了教学与考试的关系，学校以考试而获得生存，教学就是考试。面对应试教育，老师教得无奈，学生学得也不愉快，考试成绩再好，也是暂时的，在这种情况下，学生很难自觉地去学习。

因此，要追求和谐的教学、学生、考试的关系。教学与考试都是为了促进学生的发展，教学促使学生学习，考试检验学生掌握的情况，考试是教学的一小部分内容，不是教学的全部，更不是教学的全部目的。

教学既不要"压"，也不需要"求"，而是要适时引导，提高学生的素质和能力，让学生学会学习，得到适合自己的教育。教学还应有一个基本的要求，有老师、学生经过恰当的努力后可以达到基准要求，不是老师之间的比拼，更不是学生之间的比拼，如果只是让老师、学生比拼，只重视考试，就会忽视对学生的全面教育，可能"捡了芝麻，丢了西瓜"。

在现实的教学活动中，普遍存在的现象是为考试而教学。细想其原因，有社会因素，有家长因素，有学校因素等等，更为重要的应该是选拔考试的因素。由此产生出来的问题就是将教学成绩与教学质量无形地画上了等号。社会要成绩，上级要成绩，家长要成绩，学校要成绩，老师要成绩，学生为此压得喘不过气来，老师更为此撞得头破血流。成绩也就成了衡量一所学校是否好的标准，也成了衡量一个教师是否优秀的标准。其实考试是为了进一步监测教的效果，是为了评估学生是否达到了教学的基本标准，监测学生是否知道了应该知道的内容，是否能在日常的学习与生活中动态地使用这些内容。所以，试题的命题制一定基于学生日常的学习范畴，而不应溢出此范畴，去做无限的扩张。考试对教学而言只是一个服务的关系，测查学生还有哪些知识没有学好，调整教学活动；引导教学，确定其发展方向；为高一级学校选拔优秀的学生。可是现实是教学基本都在围绕着考试转，原因只有一个，因为有一根指挥棒在引着我们。

在学校教学中应该如何正确发挥考试，很重要的一点就是要把考试作为教学过程的一个环节，考试是为教学服务、为教师服务，而不是为了对付学生。具体表现为：考试是教师收集反馈信息的方法，考试是教学质量分析的手段，考试是评估学生发展水平的主要指标。

1. 考试是教师收集反馈信息的方法

教学过程是一种动态过程，每个环节学生都在发展和变化。从一定意义上讲，教师的任务就是不断了解掌握学生发展、变化并不断加以校正，使学生达到最终培养目标。教学的实质就是通过一系列的过程使学生发生变化，学生变化到什么程度，有什么问题，就要通过考试（测验）不断地得到反馈信息才能完成。（如图1）

2. 考试是教学质量分析的手段

考试是为教学、为教师而实施，因此，每次考试结束后，都要对考试提供的信息进行分析，从中找出学生问题是什么，属于哪类问题，

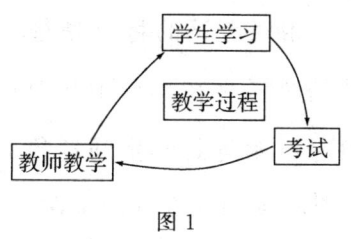

图 1

出现问题原因是教师讲的问题,还是教材教学问题,或者是学生自己的问题等,以便调整教学。

3. 考试是评估学生发展水平的主要指标

考试是目标性评估,由上我们知道,教学前先测定一下学生原有水平,教学后再测定一下学生变化情况,两者差是学生进步的指标和教学的效果。但是这种测定如前所介绍过那样,有三种模式,也就有三种不同的目标和比较方法。

绝对考试是目标参照考试,即以教学目标作为考试目标进行测评。考试结果表明学生与教学目标间的距离,即实际掌握知识的水平。绝对考试的特点是能绝对反映学生掌握知识的水平和状况,但是考试结果不具有可比性,因为每种考试的考试目标、水平都不同,不具有同类可比性。(如图 2)

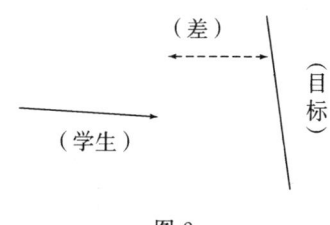

图 2

相对考试是常模参照考试,即以学生集合作为参照系的考试。考试结果表示的是每个考生(样本)在集体(集合)中相对位置,即考生与考生间的相对差距。相对考试的特点是每个考试都具有互相可比性，因为相对考试反映的是考生在集合中相对位置，同类性质的指标具有可比性。但是相对考试永远是学生间竞争关系，不反映学生绝对进步水平，相对考试结果必须用标准分，这在后边介绍。（如图3）

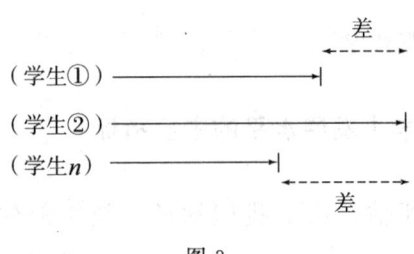

图 3

学业考试是学生个体参照性考试，是以前一次考试结果为参照系的考试。考试结果表明学生后一次考试与前一次考试间的差，即两次考试间某一考生发生的变化。学业考试特点是它既不反映考生与教学目标间的差距，也不反映考生与考生间的差距，就是说，它不表明考生绝对水平，也不表明考生相对水平，它代表考生个体相对发展情况。如：一个正常学生两次考试结果表明进步不大，而一个弱智儿童两次考试可能会有很大进步，从实际水平来看，前者水平为高，但后者才是真正意义的进步。（如图4）

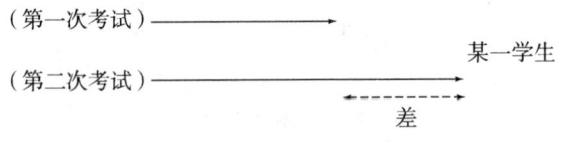

图 4

由于三种考试结果具有不同意义，因此，不同目的运用不同考试。

学校考试大都应用绝对考试，以检查学生发展实际水平。选拔性考试，如：升学考试、招工招生考试等以竞争区分等次为目的的考试，应用相对考试更为合理、精确，它不仅能反映考生相对位置，而且可以进行不同学科间、不同考试间的可比和互换。学业考试是一种理想性考试模式，学生既没有相对考试的竞争感，又没有绝对考试的目标压力，它只是考生个体发展性比较，但是考试结果不具有可比性，也不代表绝对发展水平，通常作为学生自我评价的一个方面来运用。如：评价一个学生学习情况可以以相对名次来看，也应该从个体发展来看是否有一定的进步。

第四节　考试与儿童心理发展

1. 考试对儿童身心发展的影响

有这样三种儿童观，一是认为儿童天性为快乐，应该让儿童自由自在地成长和发展，外界不应对儿童施加以任何外力，主张儿童在快乐中学习，在无压力中、无考试负荷状态下学习；二是认为儿童天性淘气，没有一定外塑力儿童是不能自发成才的，必须在成人严加管束下学习，应施以严格的考试以约束儿童；三是认为儿童同大自然一样有其自身发展规律，应该按儿童自身发展规律安排外界环境，施以影响，教学和考试也应按儿童身心发展阶段的特征进行，既不可放任，也不可过于约束。

那么，应该怎样选择考试的模式？相对考试是竞争性最强的考试，它永远是考生间相对性的位置，因此既不符合儿童发展观点，又不能绝对反映儿童发展水平,但是它的结果具有可比性,所以适合选拔性考试,而且在高中阶段以选拔考试为宜,不适合学校教学过程考试。绝对考试表明学生与教学目标的关系,不仅可以反映学生实际掌握知识水平,而且还能反映出教学中的薄弱环节,因此,应该是教学过程中常用的一种考试模式。学业考试是一种评价模式,从学生个人发展、变化的角度来看待,评价一个学生,实质是一种评价方法。可见,经常运用相对考试会加剧学生间的竞争关系,加大学生考试心理负荷,不适合教学过程,只适合于高年龄段选拔性考试;绝对考试直接反映学生掌握教学目标水平,是学生与教学目标间的关系反映,不会引起学生间的竞争,而且有利于反馈教学信息,适于教学过程应用;学业考试是另外一种角度的评价方式,表示学生个人是否比以前有所进步,应该成为前两种考试的补充。

2. 儿童身心发展对考试的制约

学龄初期儿童年龄跨度大,心理发展水平变化也很大,这个阶段的考试既受儿童心理发展水平制约,又影响着儿童心理发展。

学龄初期儿童的个性、兴趣、爱好等尚未形成,恰当地运用考试会使儿童感到是种愉快。对于培养儿童上进心理、开放的性格、敢于求异、大胆进取等心理品质具有重要意义。如果不能艺术性地运用考试,会使儿童整天感到生活在一种压力的学习生活中,久而久之产生厌学的思想,同时也会使儿童变得谨小慎微、失去个性、没有棱角。而具有后者特征的学生,即使天天打100分也不是我们需要的,因为具有这种心理特征的儿童在科学上不会有更大的进取和突破。

儿童具有好奇心，特别是学龄初期儿童具有形象思维的特点，考试结果与其用抽象的分数，不如用有形象意义的图像，如小红旗、小红花、小火箭等更能激发儿童学习积极性。

有一点需要注意，就是无论评价也好、5级分评定也好、考试也好，必须是在实施标准考试基础上才能真正反映学生、教学变化程度。

第五节　生活中的考试与教室里的考试

教室里的考试总是别人出题目，生活中的考试却常常需要自己出题目。这两种考试是很不一样的。长期的教室里的考试在增加学生的知识的同时，也可能强化了学生被动性，使学生只善于完成别人交给的任务，而不善于自己提出任务，提出课题。中国学生的做题本领常常令外国人惊叹不已，但是自己提出问题时，就往往比不过外国学生了。

教室里的考题已知条件是充分的，条件不充分是出题的失误，生活中的考题已知条件是不充分的，需要自己去创造。教室里的考试好像别人已经给你备好了料，你只要动手炒菜就是了；生活中的考试却需要你自己买菜，甚至自己筹款。

教室里的考试是有标准答案的，生活中的考试是没有标准答案的。习惯于标准答案的人必定思想封闭，缺乏创造性，不能容忍多样性。这种人适合在计划经济体制下生活，因为计划经济是整齐划一的经济，生活的各个方面都有标准答案。吃馒头、窝头、米饭，穿中山服、老三色，用手表、自行车、缝纫机"三大件"，连找对象都有"标准件"，而且需要组织批准，也就是由组织来判分。思想感情也是有标准答案的。比如：问人为什么活着，大家都会说："为革命！"那时候，人们真的生活在标准答案中，少费好多脑筋，却也很难有什么创造。市场经济就不同了，市场经济拒绝标准答案，要的是与众不同，要的是标新立异，要的是多样化，否则你的产品就卖不出去。当然，也有限制，不能违法，法律不是标准答案。因此，学校里若过分强调标准答案，学生习惯于标准化思维，习惯于制造思想标准件，他们走上社会必定显得呆头呆脑，没有竞争力，缺乏创造性。

教室里的考试主要是赛智力，赛智商；而生活中的考试却主要是赛非智力因素，赛情商。一个下岗工人求职时的复杂感情是考场里的学生很难理解的。人面对生活中的考试是全身心地投入，而不只是智力投入。这时候，情商往往更为关键。可是在学校里，在应试教育的模式下，老师更注意的是孩子的智商，训练得更多的也是孩子的智商，因此占便宜的是智商高的孩子而不是情商高的孩子。这就与生活脱节了，没有高情商做背景，智商是发挥不出来的。

教室里的考试是由老师判分的，学生考后只是等待判决；而生活中的考试却常常需要自己来打分。比如：我的生活是否幸福？我过得快乐吗？我的工作适合我吗？这是每个人都必然遇到的大问题。谁来判决？主要由自己或只能由自己。习惯于等别人判分的人，遇到这类问题就没主心骨了。这是造成许多人心理问题的重要原因。他们忧心忡忡，焦虑不安，怨天尤人，优柔寡断。因为他们缺乏自主评价的习惯和能力，而这也是应试教育的后果。

当然，二者不可能完全一致，学校毕竟是学校，课堂毕竟是课堂，人生的准备阶段应该有自己的特点。但二者至少应该比较协调，有所衔接，以便孩子们毕业后，能顺利地融入社会，找到自己的位置，发挥应有的作用，不致手足无措。为做到这一点，应转变学校的考试思想，走素质教育之路，使学校的考试适当地向社会的、人生的考试靠拢，让学生学会生存，学会合作。

第六节　12种陈旧落后的教学理念

1. 把能力知识化，以为记住了某些知识就等于有了这方面的能力。

这是一种对基础知识的迷信。在语文教学中，这种倾向就很明显。学生会按字典解释某个词不等于他真正会用这个词，记住什么明喻、暗喻、借喻不等于他能说出一个新颖的比喻。把学生的精力用在这些语文知识的学习上，实际反而妨碍了真实的语文能力的提高。目前学生语文考试中的阅读部分成绩远不如基础知识部分，正是能力与知识本末倒置的后果。

2. 以为能力是基础知识垫起来的，而不懂得基础知识是被能力的需要带动起来的。

这种理念的通俗说法是"万丈高楼平地起"。这也是一种对基础知识的迷信。万丈高楼其实不是从"平地起"，而是从"愿望起"，人们总是先有一种盖楼的需求和愿望，才会去备料施工。现在的教学，不着力刺激学生的需求和愿望，却拼命让他备料，其结果是孩子毫无动力，脑子里装了一大堆砖瓦沙石，不知何用，到考试的时候，把这些东西展示给老师看，老师就以为孩子是有学问了。其实最后的结果，孩子的头脑往往成为一个废弃的建筑工地，根本没有施工。

3. 想把能力技能化，以为技能就是能力，以为技术工人就是工程师。

技能的概念比能力要窄，技能只是能力的一部分。技能的突出特点是可复制性、可操作性，所谓"熟能生巧"指的多是技能。比如：数学计算能力就是一种技能，而把生活中的数学问题变成数学模型的能力（建模能力）就不属于技能了，这是更高级的能力。计算是可以由电脑进行的，而建模一般就不能由电脑进行。所以技能属于思维含量比较低的能力，是执行能力而不是策划能力，是拷贝能力而不是创造能力，是技术工人的能力而不是工程师的能力。现在的教学，从教材到教法，都有"技能崇拜"的倾向，这是农业时代的手工业者和工业时代工人的思维方式，早就已经落后了。

4. 把知识和技能看成目的，而不是手段。不知道自动化训练的目的是为了腾出精力做更高级的事情。

并不是说技能完全不重要，问题是要找到技能的准确定位。比如：把字写好，横平竖直，有一定的速度，这是一种技能，没有这种技能或这种技能不熟练，写文章很困难，脑子里一边构思，一边遣词造句，一边还得注意写字的笔画是否横平竖直，这太累了，会顾此失彼。所以技能必须熟练到自动化的程度，也就是说，当写文章的时候，脑子里只管考虑构思和表达，写字根本不必费心，这样才行。可见，技能不是目的，只是手段。如果教育者弄错了技能的定位，把手段当成目的，过分在技能上下功夫，就会使学生成为写字的技工，阻碍了学生整体能力的提高。

5. 以为人可以不动感情地学习知识，忽视了愿望，忽视了动力。

这就是所谓"目中无人"的教学方法，目前极为流行，是学生厌学的重要原因之一。学生不可能像录音机那样记住老师说的话，学习的每一个步骤中，都伴随着这样那样的情绪，而且每个学生的情绪都有所不同。作为教师，首先应该是个心理学家，一个活人，首先应该与学生进行情感交流，在此基础上才谈到知识的交流。没有情感交流作背景的知识传授学生是很难接受的。

6. 以为知识可以按学科装入头脑，不承认每个人有自己的知识结构。

知识可以按学科来讲授，却不会按学科形成能力，能力是综合的东西。至于怎样综合，那可就复杂了。每个人头脑中都有他自己的知识结构，人人而殊，分科学到的东西在那里早已面目全非。考试以后，扔的扔，忘的忘，剩下的才是真能力。既然如此，为什么非是总要死按学科讲授知识呢？这样的讲法，会把最听话的孩子变成临时书架。考试也是如此。例如：语文考试题目分为基础知识、阅读、写作三大块，这种思路恐怕也有问题，因为任何一个活人的头脑中，都没有办法分出这三大块来。知识本是为人的发展服务的，千万不要搞"学科专政"，把人搞成学科的奴隶。

7. 以为知识仅是靠传授被学生掌握的，以为什么都是可以教的，甚至以为创造性也是可以教的。

这种思路的最精练表述是：教导致学。那么，如果不教，学生就不学了？恐怕不是如此。孩子是天生的学习者，人的本性中有认知的冲动，说"学导致教"可能比"教导致学"理由更充分一些。是需求导致生产，而不是生产导致需求，至少大致如此。"教导致学"是教师中心论的理论基础。"教"也是一种可以相信而不可迷信的东西，许多东西都是没有办法"教"的,例如:性格、情感、创造,但是这些东西都可以"学"。"学"比"教"宽阔得多,伟大得多。

8. 习惯于从教的角度看待学,而不是从学的角度看待教。教法吞没学法。

这种思路的经典表达是:"我怎么教,他怎么学。"一切教师做主。现在许多老师几乎完全失去了从学习老角度看教学的能力,他们不相信每个学生可以有自己的学习方法,他们把一切都统一了。教法吞没学法,学生的主体性就失去了立足之地。

9. 以为知识必须一小块一小块分割开来学,将来再拼装;不知道学习知识也可以用整体带动部分的方法。

先学部分,后综合成整体,这种学法是可以的,但不是唯一的,对此法不可迷信。还有相反的办法,从整体出发,带动局部。比如:让小学生写论文,他查资料时可能有许多字还都不认识,但是他仍然能写出一篇有模有样的东西。至于其中他不会的东西,以后再说。再比如:读小说,谁没遇到过不认识的字?只要大体能看懂,就可以读下去,读多了,那些不懂的地方似乎也就明白了。这种学习方法也是科学的,而且效果更好,不应否定。

10. 以为学习只能从简单到复杂,不知道学习也可以从复杂的任务切入,以带动简单。

这种思路的经典表达方式是"循序渐进",其通俗说法是:"不会走,哪能跑?"

于是小学生只能算数认字,到大学才能写论文。这也是一种迷信。有时候,从复杂的任务入手,从困难的地方入手,效果反而更好,只要这种做法适应学生的需求。不可低估学生的学习能力。

11. 只注重前人研究的成果，不注重其过程；或者注重别人研究的过程，而不注重学生自己的认知过程。

使用洗衣机几乎不需要什么智慧，了解洗衣机的原理就需要一些智慧了，然而最需要智慧的是发明洗衣机。如果把"使用"称为"初级智能"，"了解"称为"中级智能"，"发明"称为"高级智能"，那么我们很容易发现，现在的教学基本上是在培养学生的"中级智能"甚至"初级智能"方面大做文章。孩子们只是在接受别人的现成研究成果，而自己没有体验过研究的感觉。一个小朋友通过自己的观察和思考，发现事物是有颜色的，而它们的影子却没有颜色，这对人类科学的进步并没有什么推进作用，但是对于这个孩子自己的智力发展，却有极大的推进作用，这是他的科研成果。如果老师觉得这样太麻烦，不如让他直接记住现成的结论，那么这位老师是好心做了错事，他硬把"高级智能"降低成了"初级智能"。这种现象极其普遍，因为这样对眼前的考试有利。

12. 以为什么都可以量化、科学化、模式化，不承认非量化、非科学化（如：情感、艺术）、非模式化的价值，导致人文精神的流失。

这就是所谓"科学主义"。现在科学精神还比较稀缺，然而"科学主义"却货源充足。否定科学的道德主义和窒息科学的"科学主义"在这里相映成趣。"科学主义"表现在教学方面，就是迷信死板的模式，迷信标准答案，迷信标准化试题，把学习机械化，把课堂车间化。在"科学主义者"的眼里，科学就是死板，"丁是丁，卯是卯"。

总之，上述12种教学理念虽然都包含着"真理的颗粒"，但是毛病很大，其基本问题是违反人的认知规律。孩子本不是这样学习的，把人为设计的教学方式强加给孩子，这是学习的片面化、表面化、零碎化、机械化、形式化，是学习的短视行为，是学习的异化。

第四章　学校考试过程

这一部分我们要探讨考试的各个部分和各个环节，即考试过程。考试过程分为前期、中期和后期三个部分。前期由 4 个环节组成，一是确定考试目的、考试范围、考试种类及方针；二是内容分析，明确教学目标，根据教学目标和教学大纲制定试题设计表；三是选择考试方式；四是制作试题，包括答案用纸设计。中期只有一个环节，即考试实施。后期由评分（采分）和结果分析研究及处理构成。这三大部分共七个环节构成整个考试过程。如下图所示：

前期
- 确定考试目的、考试范围、方针、种类
- 内容分析（明确教学目标、制定试题设计表）
- 选择考试方法
- 试题制作（答案用纸设计）

中期
- 考试实施

后期
- 评　　分
- 结果处理

第一节 目标分析

1. 明确考试目的

确定考试目的是试题设计的前提。因为不同的目的，将决定考试的形式、范围及科目的不同。而试题是根据考试的不同形式、范围及科目设计的。具体来说，以期末学习成果检查为目的，就进行总结性考试，出题范围要广，试题设计应采取既考查知识掌握程度又考查实际应用知识的能力的方针。如果以取得教学过程中教学质量的反馈信息为目的，就进行形成性考试，出题范围在特定的单元或章节中，以考查学生掌握知识的程度及教学效果为方针。如果以分班分组为目的，就进行诊断性考试，出题范围是前提性的基本知识和技能，以考查学生应具备的基本知识和技能为方针。

由于教学和考试的行为指向是脑力现象，我们经常要和人的能力、智力打交道，因此，对能力和智力的概念要搞清楚。所谓能力，是指完成学业的本领，包括完成学业的具体方式和为完成学业所必需的心理特征。所谓智力，是指在完成学业过程中脑功能的作用，是观察力、记忆力、思考力、想象力、注意力的总和。能力不强调其先天因素，事实上，能力的先天因素只是与人的遗传素质有关，所以人的能力是后天形成的。人的能力差异是由于包括遗传素质在内的环境影响、教育条件、实践活动等原因决定的。智力则倾向于对脑功能的评估，但智力的形成仍离不开社会实践，它是先天素质、社会历史遗产和教育的影响诸因素相互作用的产物。能力的类型主要有两种，一是适应型和创造型，二是专才型和多才型。能力的主要特性是倾向性、整体性、适用性、有效性。智力则集中表现在反映客观事物深刻、正确、完整的程度上和应用知识解决实际问题的速度和质量上。

由此我们可以看出，能力和智力是两个不同的概念，它们的主要区别在于，能力所涵盖的社会性比较宽，在不计较智力因素的情况下，完全可以对人的行为进行评估。智力评估的基础是脑功能的素质，但鉴定脑功能的素质显然离不开人们的社会实践，离不开人的能力表现。能力和智力又有明显的共同之处，这就是它们都必须把人的社会环境和实践活动考虑进去。就在校学生而言，其生活范围很窄，主要是读书，对他们的能力评估也主要是针对学习能力。又因为学习能力与脑功能的质量有直接关系，因此，人们会认为智力水准决定了能力水平。然而实践证明，人的脑功能素质可以有很大差别，但能力训练则决定了智力的质量，能力的培养决定了智力的倾向，能力的开掘决定了智力的发挥。只有抓住了能力的培养和训练，智力才有用武之地。考试强调注重考查能力，正是基于这种考虑。具体来说，考试当中的能力考查，主要是指对问题的适应性、解决问题的创新性和有效性，而不仅仅是指对知识的记忆、反映问题的灵活性和针对性等智力因素。当然，智力因素在考试当中也相当重要，但不能成为考试的主导内容，事实上，离开了对能力的要求，智力因素将毫无意义。这就是所谓考试是考能力而不是考智力的含义。

2. 内容分析

确定出题方针后，下一步是分析出题内容。试题覆盖面广，题量大是考试信度的一个基础，因此对考试内容的正确分析，是提高考试信度的前提条件之一。

客观式考试一般采用学习内容构成要素分析方法来对考试内容进行分析。要素分析是将学习内容各个组成部分、各教学目标按系统分解开，也就是将教材结构化，提炼学习内容的全部骨架。通过学习内容构成要素的分析，使考试基本内容一目了然。现以气象知识为例说明一下。

天气图单元要素分析表

```
A. 气压
   1. 气压的测定
   2. 影响气压的因素
   3. 天气变化与气压关系
B. 气温
   1. 气温的测定
   2. 影响气温的因素
   3. 天气变化与气温的关系
C. 湿度和雨
   1. 湿度的测定
   2. 影响湿度的因素
   3. 雨的形态
   4. 降雨量的测定与报告
D. 风
   1. 风速和风向的测量
   2. 影响风速和风向的因素
   3. 表示风向和风速的符号
E. 云
   1. 云的种类
   2. 各种云的特征
   3. 制约云的形成因素
   4. 天气与云的关系
   5. 表示各种云的符号
```

教学内容显然是文化素质的主体，那么考试内容就应该全面反映教学的内容。这实际上是考试的知识范围问题。当然，欲使教学和考试各得其所，首先要实现教学内容和考试内容在以大纲为同宗的前提下各具特点。

从大的范围来看，考试的内容与教学的内容没有区别，但将这些内容放到考试和教学的过程中去之后，就显示出问题来了。高中语文考试要在150分钟里评估三年的学业，其内容的综合和组合就与教学大不相同。最后的是考试要体现当代大学对人才的需要，考试必须对考生所学知识内容进行改造后才能实现选拔要求。这两个条件加在一起，貌似一致的知识内容，感觉就大不一样。这就是考试看起来容易，做起来难的原因。那么，怎样去认识考试的内容要求呢？主要是对这两个条件的理解。当代大学是为社会培养应用型、复合型、创新型人才，这类人才最重要的特征就是其合理的知识结构、开阔的知识视野、可靠性强的思考方式、创新含量高的思维品质。实现这类人才的选拔，对试题内容的要求是综合性要强，即知识的综合、能力的综合。因为只有相对综合，才能造就多角度、多层次、结构复杂的事物，才能考查人们对事物进行综合判断、分析和处理的能力。加强试题的综合性，并不意味着试题难度的增加，而是命题指导思想和技术的改变。再有就是考试内容的组合。组合与综合不是一个概念，综合是糅合，你中有我，我中有你，这主要是指题目的设计。而组合是指考试范围的知识结构。组合的原则一是要相对全面。所谓相对，是因为受各种限制，考试的知识范围还不能做到完全的独立，但在条件允许的情况下，应尽量做到主体知识系统的完整性。二是考试的知识范围要尽量能够有针对性，如有可能，当年考试不涉及的内容，则应有所删减，删减的幅度要视命题的需要而定。当然，这个删减与前面所说的一味缩小知识范围不同，不顾及系统性的缩小，会导致知识的支离破碎，而旨在加强系统性前提下的删减，则会使整个知识范围举重若轻、层次清楚、分量适中。当我们切实做到了知识范围的科学组合，才能为试题的合理综合提供可能。

3. 确定教学目标

学习内容分析后，依据学生学习复杂性和困难度，确定教学目标。教学目标不同于教育目的。在教学过程中，前者是师生共同努力达到的教学具体目标，即教学发展尺度；而后者是依据教育方针而确定的人的总体发展方向。教学目标的明确，不仅能使教学定性、定量化，而且可以大大减少"教学质量"这一概念的模糊性，并为考试评价提供了标尺。世界各国的教育家们提出了许多教学目标分类法，而集大成者是美国的心理学家布鲁姆，布鲁姆教学目标分类概括如下：

布鲁姆认识领域教学目标分类表

1.00　知识
　　1.10　基础知识
　　　　1.11　术语知识
　　　　1.12　基本事实知识
　　1.20　运用基础知识的方法
　　　　1.21　规则和惯例
　　　　1.22　变化和过程
　　　　1.23　分类
　　　　1.24　基准
　　　　1.25　方法
　　1.30　普遍知识和抽象知识
　　　　1.31　原理和一般化
　　　　1.32　理论及其体系
2.00　理解
　　2.10　变换
　　2.20　解释
　　2.30　判断

3.00　应用
4.00　分析
　　4.10　要素分析
　　4.20　关系分析
　　4.30　原理分析
5.00　综合
　　5.10　独立表达
　　5.20　提出实施
　　5.30　抽象地处理事物关系
6.00　评价
　　6.10　依据内部规律评价
　　6.20　依据外部规律评价

布鲁姆的教学目标分类方法是有代表性的分类方法。但在实际考试应用中完全照搬，应用布鲁姆的教学目标分类法难度很大。因此，一般在考试中仅使用知识、理解、应用、分析、综合（技能）5个目标。现仍以天气图知识单元为例说明。

天气图单元的教学目标

1. 知识
   1.1 写出各种用语的定义
   1.2 识别表示各种天气要素的用语
   1.3 识别与适当的天气最适合的用语
   1.4 选出表示特定概念的用语
   1.5 区别正确用语与错误用语的使用方法
2. 理解
   2.1 连接各种天气要素与符号
   2.2 写出各种天气要素符号
   2.3 识别天气图中表示的各种符号的意义
3. 分析
   3.1 列举某种天气状况的特点
   3.2 识别影响某种天气状况的要素
   3.3 识别报告天气图表示各种天气要素状况时所用的测量单位
   3.4 说明测定各种天气要素的工具名称
   3.5 区别测定各种天气要素的正确方法和错误方法
   3.6 将各种云的名称和特征记述联系起来
   3.7 识别和各前锋线相关联的天气状况
4. 应用
   4.1 就某种地区的天气进行说明
   4.2 识别天气图表示的不同前锋线的种类
   4.3 叙述天气图中表示的包围前锋线的状况
   4.4 识别天气圈中表示的各前锋线移动方向
5. 综合
   绘制一个天气图

教学的目标和考试的能力要求在原则上是一致的，它们的内涵都反映了教育的素质要求。教学目标通过教学得以实现，考试的能力要求通过试题去实现，由于两者实现的途径不同，作用不同，因而人们往往误认为它们的价值不同，甚至有以能力要求取代教学目标的倾向。其实，学科考试的能力要求实际上是教学目标的综合体现，为了实现选拔功能，又将其进行了合理转化。不明此理，既教不好，也考不好。彻底实现教学目标是与能力要求相应的唯一办法，也是达到能力要求的唯一途径。

教学目标是分阶段、分方面去实现的，而考试的能力要求只体现在一张试卷上；教学与学生的心智培养过程有关，考试与学生的心智水准有关；教学的特征是教学相长，考试的特点是有去无同。一句话：教学是磨刀，考试是砍柴。教学和考试是两个不同性质的事物，它们的运行机制和过程、呈现形式和内容、价值标准和评估都完全不同，这一点一定要认识清楚，同时在实践当中一定要把它们严格区分开来。也就是说，只能够一点一点地去实现教学目标，不要眼睛只盯着考试，只要这样去做了，不管考试的结果如何，都是有价值的，都是胜利者。

第二节　试题设计

1. 制作试题设计表

欲将教学内容与教学目标对应起来考虑，运用试题设计表较为方便。试题设计表是一个纵向为学习内容，横向为教学目标的图表。通过它既能清楚地表示出学习内容要素和教学目标，又能将两者按比例结合在一起，并且可以根据内容或目标的重要性调整某项试题。试题设计表既可用来调整考试内容与教学目标的比例，也可以用于调整分类和时间。但客观式考试由于试题小而题量大，题数与分数及时间成正比，因此一般都用题数调整比例。见试题设计表。

试题设计表

目标\题数\内容	A 知识	B 理解	C 分析	D 综合	E 应用	总计(%)
1. 外心	2	2	2	2	2	10
2. 切线的性质、判定、作法	2	2	2	2	2	10
3. 内心	1	4	1	2	2	10
4. 圆外切四边形两组对边之和相等	1	2	2	2	3	10
5. 相交弦定理	2	4	1	1	2	10
6. 圆和圆位置关系	1	2	2	1	4	10
7. 两圆公切线	3	2	2	2	1	10
8. 正多边形和圆	2	3	2	2	1	10
9. 圆周长、弧长	2	1	1	2	4	10
10. 圆的面积	2	1	3	1	3	10
总计	18	23	18	17	24	100

小学自然常识测验题计划

考试目标\教材内容	知识	理解	应用	分析	综合	评价	合计
生物世界	3	5	6	3	2	1	20
资源利用	2	3	3	1	1	0	10
动力和机械	2	3	4	2	0	1	13
物质、物性、能量	5	6	8	3	2	1	25
气象	2	4	3	2	2	0	13
宇宙	2	5	4	1	0	0	13
地球	2	2	2	1	1	0	8
合计	18	20	30	13	8	3	100

在实际设计过程中，学习内容分析、教学目标确定和试题设计表同时进行，既省时间又清楚。

2. 选择题型

内容决定了，应确定具体考试试题方式。如前所述，现代考试主要是用两种方式，即客观式考试和论述式考试。美国哥伦比亚大学苏达克博士就论述式考试、短答式考试、客观式考试，从13个方面进行评价，结果如下：

考试方式比较

项目	论述式	短答式	客观式
1. 能考查解决新奇问题的能力	++	+	++
2. 能考查思维能力	++	+	——
3. 能考查解决问题的独创能力和革新能力	++	+	——
4. 能识别一般的作文能力和文字表达能力	——	—	++
5. 能了解出特定知识及能力	——	+	++
6. 能够按照教学目标制出标准题	——	—	++
7. 能够依据教学内容制出适当的标准题	——	—	++
8. 推测性回答率低	++	+	——
9. 采分能保持客观性	——	—	++
10. 能够正确地区别考生之间的实际水平	——	—	++
11. 可以通过机器或其他一般人评分	——	—	++
12. 能快速采分	——	—	++
13. 制定省时间	+	+	—

注："+"为优；"++"为特优；"—"为劣；"——"为特劣。

可见两种考试方式各有利弊。从两种考试诞生的时间顺序上看，客观式考试后产生正是为了弥补论述式考试的不足提出的。一经产生，两者互为补充。因此根据考试的目的（入学考试、期末考试、日常考试）、考试的时间（解答时间、采分时间等）、考试规模（人数）、考试用纸及前后考试关系等因素决定考试方式是必需的，我们将为这种决定提供必要的参考。

第一，适用于论述式考试的条件。

（1）考生人数少，今后不需要再用此试题时；

（2）检查并培养学生独立表现能力和写作能力时；

（3）培养和检查学生实际计算能力和书写能力时；

（4）了解学生学习态度和积极性时；

（5）不是一次考分决定考生发展情况时；

（6）时间充足时；

（7）制作试题时间少，而采分时间充足时。

第二，适用于客观式考试的条件。

（1）考生多且试题计划存起来以备再用时；

（2）教学目标细目比较清楚，据此可以制作范围广泛的试题时；

（3）要求学生对所学内容必须达到一定水平时（如基础知识考查）；

（4）教师想通过考试在短时间内详细掌握学生实际水平时；

（5）教师要具体了解学生学习存在的问题及问题存在的领域时；

（6）要求用统一尺度评价数量较多的学生时；

（7）强调信度的考试（如：毕业考试）时；

（8）一次考分对学生发展具有重大影响时；

（9）制题时间充足，而从实施到采分，报告时间要求速度时；

（10）能用计算机采分的考试时；

（11）具有一定印刷能力时。

但不管采用哪种方式考试，考试必须遵循下列指导思想：

（1）有利于考查并促进学生理解基本原理、应用基本原理的能力；

（2）有利于考查并促进学生批判性思维能力；

（3）有利于考查并促进学生解决新问题的能力；

（4）有利于考查并促进学生比较、抽象、推理、演绎能力；

（5）有利于考查并促进学生分析归纳能力；

（6）有利于考查学生实际运用知识的能力，并能提高学生对学习的兴趣。

诚然试题设计的关键因素是教师，承担试题设计的教师应具备以下条件：

（1）对教学内容及教学目标熟知；

（2）了解考生实际状况及水平；

（3）思维清晰，文字表达能力强；

（4）具有制作各种考试试题的知识。

3. 决定考试通过基准

试题设计时，对试题的难度必须首先预料一下。试题难度和通过率成反比，难度小通过率就高，难度大通过率就低，通过率为：

正答者数÷考生数×100%，即 $\frac{正答数}{考生数} \times 100\%$。试题难度一般分两种类型，一种是阶梯型，题的难度分容易、一般程度、难三个阶段。这种类型容易分辨考生的差别，但通过率不易控制，一般浮动于20%—80%的范围内。另一种是标杆型，题的难度以教学目标为基准，以通过题目数（实际也是分数）来区分实际学力水平，通过率一般为

75%。难度采取哪种类型同样也取决于考试目的及方针。

以上试题设计过程在实际运用中可简化许多程序。如内容分析、明确教学目标，一步就可下来。试题方式选择和考试基准确定也可同时进行，关键在于用熟用活。

4. 试题制作

根据教学目标和试题设计方案开始制作试题。具体方法和技巧请见下部分。

第三节 试卷编制

1. 试题的排列及构成

论述式考试试题少，试题的排列及构成不是什么问题；客观式考试试题多，因此在制作试题的过程中一定要注意试题的排列及结构问题。

第一，以教科书内容为顺序的方法。试题按照教科书内容顺序排列是自然排列方法。按教科书内容顺序排列能表现出知识结构特点和教学目标体系，易于学生掌握，由于试题难易度不同，所以从难易角度看，试题呈螺旋式结构。

第二，从易到难的方法。此种试题排列方法区别于按教科书排列方法的特点在于：大题排列按先易后难，先简单后复杂，先基础后应用的顺序；而大题中的小题按教科书顺序排列。这样排列比较适合考生心理特点和考试要求。如果一开始就出难题，学生会因为没答好前面的题而影响继续答好后边试题的情绪。从考试心理学角度看，先易后难，先简单后复杂，也更科学些。从考试目的来看，也是先考查学生基础知识掌握、理解情况,后考查学生对知识的运用情况。

第三,按解答方法排列的方法。客观式考试试题按解答方式顺序排列有几种方法。如:先完成法后选择法;先短答法、完成法后改错法;先正误法、组合法,后排列法、选择法等等顺序。这种排列方法有利于学生在解答方法上定向,防止因解答方法不熟或经常变换解题方法造成的失误。

第四,同一页考卷的原则。试题的说明文、问题以及选择题应在同一页考卷上,特别是图示和问题更应在同一考卷上。这样可减少因往复翻卷而浪费的时间,同时也可避免由于注意力问题造成的马虎、丢落题等问题出现。

2. 题号及符号的制定

试题的题号与选项的符号有以下几种。

$$
\text{数字}\begin{cases} 一、二、三 \\ 1、2、3 \\ ①、②、③ \\ Ⅰ、Ⅱ、Ⅲ \\ ⅰ、ⅱ、ⅲ \end{cases}
$$

$$
\text{字母}\begin{cases} A、B、C \\ a、b、c \end{cases}
$$

$$
\text{汉字}\begin{cases} 甲、乙、丙 \\ 壹、贰、叁 \end{cases}
$$

符号 [　] 　(　) 　□ 　○

题号与符号的运用应注意下列问题:

第一,区别题号。大题号、小题号、选项号一定用不同的记号,区别要明显。

第二，统一题号、符号。在整个试题中题号要统一。大题、小题、选项号要统一，不能第一题的选项号用"1、2、3"，第二题的选项号用"a、b、c"，这样容易造成混乱。一般大题用"一、二、三"或"Ⅰ、Ⅱ、Ⅲ"；小题号用"1、2、3"，选项号用"A、B、C"或"a、b、c"。

第三，相异题号。在选择题号时一定要注意与试题性质相异的问题。比如：数学试题选择中用"1、2、3"的题号就容易与试题相混淆。

如：（选项号与试题相混淆）

h 的值与下列各数哪个更接近？

①1.57　②2.718　③3.0　④3.14

将选项号改成"A、B、C"或"a、b、c"更容易分辨。

改正：

h 的值与下列各数哪个更接近？

ⓐ1.57　ⓑ2.718　ⓒ3.0　ⓓ3.14

再如：英语试题中应避免使用"A、B、C"等字母题号。

如：（题号与试题混淆）

请选出与例词画线部分发音相同的单词。

h<u>o</u>les： a. <u>a</u>ll　b. b<u>ou</u>ght　c. f<u>ou</u>r　d. g<u>o</u>　e. s<u>a</u>w

3. 答案用纸设计

现代考试对考试答案用纸的设计也十分重视。特别是随着计算机采分的出现，对答案用纸设计的要求也更高。

第一，答案用纸的选择。答案用纸有两大类：一是直接将答案写入试题卷的方法，叫作直接式解答法。二是题卷与答卷分开，答案写入另外专用答案用纸中的方法，叫作别纸式解答法。

例如：直接式解答法

> 五、将下列 A～E 各国的首都从下面 1～6 中选出用标号填入相应的括号内。
>
> A. 朝鲜（　　）　　　1. 东京
>
> B. 俄罗斯（　　）　　2. 巴黎
>
> C. 美国（　　）　　　3. 伦敦
>
> D. 英国（　　）　　　4. 华盛顿
>
> E. 日本（　　）　　　5. 平壤
>
> 　　　　　　　　　　　6. 莫斯科

例如：别纸式解答法

> 五、将下列 A～E 各国的首都从下面 1～6 中选出用标号填入相应的题号内。
>
> A. 朝鲜　　　　1. 东京
>
> B. 俄罗斯　　　2. 巴黎
>
> C. 美国　　　　3. 伦敦
>
> D. 英国　　　　4. 华盛顿
>
> E. 日本　　　　5. 平壤
>
> 　　　　　　　6. 莫斯科

答案用纸

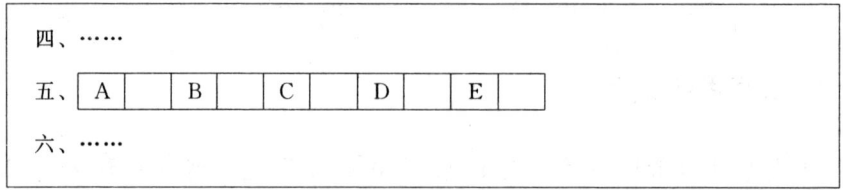

直接式解答法和别纸式解答法各有其特点，选择哪种方法要依据考试的目的及特点结合用纸的特点来确定。

别纸式解答法的特点：

(1) 采分十分容易、准确、速度快。

(2) 考试后只保存答案用纸就可以，资料保存便利。

(3) 必要时考试结束只收回答案用纸，试题可以给学生试后研究。

(4) 试后统计、分析十分容易，便于计算机采分。

正因为如此，在大型考试中一般都采用别纸式解答法。但别纸式解答法的最大弱点是学生不熟悉此种方法时，往往造成看错格、试题号与答案格等失误。

直接式解答法的特点：

(1) 由于将答案直接写入试卷上，所以对学生来说十分便利。

(2) 由于不需要十分复杂的解答方法说明，所以特别适用于小学低年级学生使用。

(3) 不会出现由于注意力不够而造成答题与问题格对应差异。

(4) 采分比别纸式解答法要费事。

第二，答案用纸设计。答案用纸的设计，直接式答案用纸比较容易，别纸式答案用纸比较复杂。这里主要讲一下别纸式答案用纸的设计。

别纸式答案用纸分记号法、记入法两种方法。记号法是指要求考生在所选的试题号（选项号）上作上记号的方法。记号有画"○"（如：A、Ⓑ、C），也有涂黑法（如：A、●、C）。下图是最一般的记号式答案用纸（见别纸式记号法解答用纸表一）。记号式答案用纸最适合计算和采分，所以世界各主要国家高考都采用记号式答案用纸。

别纸式记号法解答用纸（表一）

_____年 _____班 姓名_____ 学号_____

得分 ☐☐☐☐☐

1. ABCDE	21. ABCDE	41. ABCDE
2. ABCDE	22. ABCDE	42. ABCDE
3. ABCDE	23. ABCDE	43. ABCDE
4. ABCDE	24. ABCDE	44. ABCDE
5. ABCDE	25. ABCDE	45. ABCDE
6. ABCDE	26. ABCDE	46. ABCDE
7. ABCDE	27. ABCDE	47. ABCDE
8. ABCDE	28. ABCDE	48. ABCDE
9. ABCDE	29. ABCDE	49. ABCDE
10. ABCDE	30. ABCDE	50. ABCDE
11. ABCDE	31. ABCDE	51. ABCDE
12. ABCDE	32. ABCDE	52. ABCDE
13. ABCDE	33. ABCDE	53. ABCDE
14. ABCDE	34. ABCDE	54. ABCDE
15. ABCDE	35. ABCDE	55. ABCDE
16. ABCDE	36. ABCDE	56. ABCDE
17. ABCDE	37. ABCDE	57. ABCDE
18. ABCDE	38. ABCDE	58. ABCDE
19. ABCDE	39. ABCDE	59. ABCDE
20. ABCDE	40. ABCDE	60. ABCDE

别纸式记入法用纸（表二）

科目名	姓　名	班　级	学　号

问题号	问 Ⅰ										问 Ⅱ										问 Ⅲ										总分
	1	2	3	4	5	6	7	8	9	10	11	12	13	14	15	16	17	18	19	20	21	22	23	24	25	26	27	28	29	30	
解答栏																															
采分																															

（同样格式：问Ⅳ、Ⅴ、Ⅵ、Ⅶ、Ⅷ、Ⅸ、Ⅹ共10大问100小题号）

在没有计算机采分的情况下，记入式答案用纸更为便利（见别纸式记入法用纸表二）。记入式答案用纸的优点是，不易出现记号做错位置的事故；客观式考试的全部方法都适用此种方法（而记号式对选项法、正误法最适合）；对记入式答案用纸稍做加工，就可成为解答分析用纸（见记入法解答结果分析用纸表三）。

记入法解答结果分析用纸（表三）

选项\题号\学号	一				二				三				四				五				得分
	1	2	3	4	1	2	3	4	1	2	3	4	1	2	3	4	1	2	3	4	
1	2̶	1	1̶	4	3	2̶	2	4	4	1	2	2	1	4	3	2	1	3̶	2	4	32
2	2	2̶	1	1̶	1̶	1̶	2̶	4	1	1̶	2	2̶	4̶	1̶	4̶	1̶	1̶	3̶	1̶	1̶	16
3	2	1̶	1̶	4	1̶	1	2	4	1̶	1	2	2	1	4	3̶	2	1	3̶	2̶	4	28
4	2	1	1	2̶	1̶	1̶	2	4	2̶	1	2	2	1	3	2̶	2	1	3	2	4	28
5	2̶	1	1̶	4	2̶	2̶	1̶	4	2̶	1	2	2	1̶	3	2	2̶	1	3	2	4	24
6	2	1	1	4	1̶	1	2̶	4̶	2̶	1̶	2	1̶	1̶	3	2	2	1	3	2̶	4	22
7	1̶	2̶	2̶	2̶	4̶	1	1̶	4	4	1̶	2̶	2̶	1̶	2̶	3	2	3̶	4̶	4̶	4	14
8	2	2̶	1	4	3	1	2	4	4	2̶	2	2	1	3	2	2	1	3	2	4	34
答案	2	1	1	4	3	1	2	4	4	1	2	2	1	4	3	2	1	3	2	4	40

记入法又可分成符号记入法和答案记入法两种。表二是符号记入法，学生将选择的选项号或正误号直接填入各题号下面空格。如果是选择题可填"A、B、C"或"1、2、3"，如果是正误题可填入"＋、－"等（但只能填符号）。教师评卷时，先做出标准试卷，之后用各张试卷与标准试卷对照，一致者画"○"或"√"。之后按各大题计分，最后计出总分。

答案记入法是学生按照试题形式将答案直接填入空格。前者比后者省纸，后者相对费纸多些。

4. 好试题的条件

好试题的条件可归纳如下：

第一，能够全面发挥学生的实际能力。一道试题的好坏，评价标准在于是否能够发挥出学生全部实际能力。能够全部发挥出学生实际能力的试题，就是成功的试题。反之，不能如实反映学生实际能力的试题，起不到考试评价的目的，就称不上好试题。要做到全部发挥学生的实际能力，首先要掌握学生的实际水平；其次依据学生实际水平确定试题的难易度和通过率；再次是试题要全，不可以偏概全。其中掌握学生实际水平是基础，不掌握学生实际水平就无法确定试题的难易度，更谈不上发挥出学生全部能力。

第二，既考知识，又考能力。好试题不仅能考查学生基础知识的掌握情况，而且还能反映出学生理解、应用知识的各种能力。只考知识记忆、不考能力发展水平的试题不仅不是好试题，相反对学生的发展起副作用。制作能综合反映学生各种能力的试题，要求老师既要有全面考查的指导思想和计划，又要有能抓住基础知识要点和思维过程、应用知识过程的关键的本领，否则不可能制作出好的试题。

第三，信度高。信度是检验试题的重要指标之一。所谓信度就是指试题使用中的客观性与一贯性，换言之是指试题不论是谁何时何地用，都可以得到同样结果的性质。提高试题信度有三点：（1）试题面适当，没有偏题部分，试题偏必然对一部分学生不利，而对另一部分学生有利，信度自然下降；（2）试题量要适当，在前一个特点的基础上，试题量多比量少信度要高（当然不是越多越好）。一次考试只有两道试题，这两道题面再广，也有限，所以，多小题比少大题信度要高；（3）采分客观性。制约试题信度的关键之一是采分客观性问题。论述题比客观式试题信度低就因为它采分客观性差些。为了提高采分客观性，尽可能避免评分时教师个人意见、偏见等判断因素的参与，在制作试题时，应将采分基准式标准答案制作出来。

第四，效度高。效度也是检验试题的重要指标之一。所谓效度是试题完成教学目标检验任务的有效性，也就是考试结果与已确定的教学目标的相关性。换言之，效度涉及的是考什么的问题。影响试题效度有三点：（1）试题范围是否符合教学目标，是不是按照教学目标各个部分出题，不符合就谈不上效度高；（2）试题按照教学目标要求来制作，不符合要求也会降低试题的效度。比如：某数学卷某题要考查学生解应用题的能力，可是由于试题用词、语言太复杂，结果成了考查学生语文水平的试题，这就降低了试题的效度（它没有完成考查学生解应用题能力的目的）；（3）试题内容是否是要考查领域的基本和核心内容。

第五，文字清楚。试题文字简明，说明文语言清楚，试题结构严谨也是好试题的基本条件。试题中出现超越文章理解能力的用语，一词多义以及使学生发生误解和难于理解的用语，是制作试题中最忌讳的问题。所以，语句通顺、语意清楚、文字简洁是制题教师必须认真注意的问题。

第六，试后处理容易。试后处理容易主要指试后采分、统计、分析容易而言，当然，在谈这个问题时，也应尽可能考虑到学生解题方式的容易性。比如，用直接记入法好还是别纸法好，别纸法便于采分、统计，更适合于计算机采分。再如，组合法试题是用画线连接好，还是填写符号方便，都应认真考虑。

第四节　考试实施

1. 考试时间

考试时间一般有：60分钟、100分钟、120分钟、180分钟等区别。确定时间的主要依据：1. 学生年龄特征，小学低年级学生注意力集中时间有限，不适应长时间的考试，一般为60分钟，而中学生就可以延长一些，100分钟或120分钟都可以。2. 从考试内容出发，考查基础知识的时间可以短些，考查思维能力的内容时间可适当加长。3. 从考试目的看，速度考试时间要短，而实力考试时间要长一些。

2. 考场注意

考试之前一定要对考试的一切要求进行周密考虑和安排。如：考试备品问题（计算机可不可以用、计算用纸的准备、是否可以带草稿纸等）、考试过程要求、考试结束后试卷的保存性处理等等，都要制作出相应的规则，以使考试有条不紊地进行，保证考试的顺利完成。

第五节　试题评分

试题评分是考试的关键环节之一，分数能否客观准确地反映学生的学习程度和水平,不仅涉及评价的正确与否,而且影响考试的教育性,即考试是否能发挥出积极作用的问题。因此,科学地、客观地、公正地进行评分,一直是教育工作者努力追求的目标。

1. 评分形式

第一,常用评分形式。一般学校中常用的评分形式有两种:一是等级制,二是积分制。

等级制是将成绩大体分成几段的评分形式,常见的有:"5、4、3、2、1"分制,"优、良、中、及格、不及格"制,"A、B、C、D"制,"甲、乙、丙、丁"制。有的小学校还根据儿童形象思维强的特点采用图形分制,如:飞机为优,红旗为良等等。等级制的特点是笼统,不精细,同是良的成绩,可能实际分数相差很大,但在良的等级上看,又是同一等级,而且主观性强,模糊性大。但是它评分简单,只是划几个等级,明确标明每个学生的水平线。所以等级制比较适用于不易于精确采分的学科,如:作文、口试等。

积分制是以各小题为基分,将各小题得的基本分数相加得出总成绩的评分形式。常见的有:100分制、60分制、150分制等。积分制的分数确定方法一般是以各题的重要性、难易度、量大小为基准,比较重要的而且又是相对比较难的题分多一些,相反少一些,但在速度考试中也有以时间为确定分数的基准的方法,如:一次考试备60小题,要求在60分钟内完成,满分为60分。积分制由于是从小分加起,采分比较精细,主观因素小,易于排列,也易于划成等级分,所以被广泛使用。

第二,标准评分形式。随着现代客观式考试出现,评分形式也随之发生改变。客观式考试也采用积分制形式,但对最后成绩表示方面要求不仅要看"总分"的形式,而且还要有标准分形式,这样才能更科学地表明学生的成绩水平。

标准分由以下几个指标求出。

(1) 平均值

平均值是表示一组考分的代表值,是将考生总分之和除以考生数之商,用符号 $\bar{x}$ 表示。

公式:$\bar{x}=\dfrac{\sum x}{N}=\dfrac{x_1+x_2+\cdots+x_n}{N}$

x 为每个学生考分,$\sum$ 是连加符号,N 表示学生人数。

如:5名学生的语文成绩分别为(单位:分):70、60、78、69、79,其平均成绩是:

$\bar{x}=\dfrac{\sum x}{N}=\dfrac{70+60+78+69+79}{5}=\dfrac{356}{5}=71.2$(分)

(2) 标准差

标准差表示考生分数之间的差异度,即考分间差异大小。标准差越小说明该集团考生成绩均衡;反之,标准差越大说明该集团考生成绩间差距大。

公式:$S=\sqrt{\dfrac{\sum(x-\bar{x})^2}{N}}$

式中,S 为标准差,x 为每个学生的成绩,$\bar{x}$ 为学生平均分,N 为学生数。

如:10名学生数学成绩分别是(单位:分):90、83、83、86、85、78、74、73、71、70。

可知,$\bar{x}=79.3$ 分,$N=10$,

x	$x-\bar{x}$	$(x-\bar{x})^2$	Z
90	10.7	114.49	1.60
83	3.7	13.69	0.55
83	3.7	13.69	0.55
86	6.7	44.89	1.00
85	5.7	32.49	0.85
78	−1.3	1.69	−0.19
74	−5.3	28.09	−0.79
73	−6.3	39.69	−0.94
71	−8.3	68.89	−1.24
70	−9.3	86.49	−1.39
		∑441.10	

代入公式

$$S=\sqrt{\frac{\sum(x-\bar{x})^2}{N}}=\sqrt{\frac{441.10}{10}}\approx 6.66$$

(3) 标准分

标准分是以平均分为基础，以标准差为计量单位，分数表示结果是：(a) 平均分的标准分为零；(b) 平均分以上的标准分数为正值；(c) 平均分以下的标准分数为负值。因此标准分是表明该分数在总体分数中的相对位置。正因为如此，标准分可以进行不同学科、不同班级、不同年度考试成绩的横向比较。如：A 班甲学生数学成绩是 95 分，B 班乙学生数学成绩是 93 分，总分上看甲同学成绩高于乙同学，可是由于 A、B 班学生学习水平不一致，甲学生标准分是 1.16，而乙学生的标准分却是 1.55，实际乙学生成绩高于甲学生。

标准分计算公式：$Z=\dfrac{x-\bar{x}}{S}$

Z 为标准分，也称 Z 分数。

如：某学生英语成绩为 90 分，该班英语平均分是 79.3 分，标准差是 6.66，其标准分是：

$$Z=\frac{x-\bar{x}}{S}=\frac{10.7}{6.66}\approx 1.60$$

2. 评分方法

评分方法主要有三种：一是标准答案法。标准答案法是用事先制定好的标准答案与试卷相对照，一致得分，不一致去分，它适用于答案简单的客观式考试。如下表。

客观式考试标准答案

题号	答案选项	A	B	C	D	E
一	1	○				
	2		○			
	3			○		
二	1				○	
	2					○
三	1				○	
	2					○
四	1	○				
	2		○			
	3				○	
	4			○		

二是基准法（也叫采分点法）。基准法是用事先制作的答题要点与试卷对照采分的一种方法。它适合于论述式考试。

三是分析法。分析法是依据教学目标对试卷一部分一部分地分析的方法。它适合于作文评分。比如：中学作文考试，对作文分别按教学目标，从内容（观点、方法等）、表现力（结构、表现手法、选词，题材等）、文字（字迹、标点符号、段落等）三个方面进行分析，每个方面的每个评价要点要分等分析,最后将各方面评价结果相加成总分。

3. 考试分数与教师素质

在有些学校试行改革,取消百分制,实行等级制,学生的考试分数只有"优,良,合格,不合格"四种。这样一来,学生倒是欢迎,特别是平时成绩不怎么好的学生。成绩单发下来,几乎全班都是"优"。

不少老师产生了失落感,手中的法宝落地了,前进的目标模糊了,学生情况不清楚了,心里没底了。他们感觉自己像唐僧,突然接到大唐皇帝的通知:停止上西天取经的行动,只管带领众徒儿好好念经。怎么办呢?有人的对策是这样的:考卷还按百分出,判卷还按百分判,只不过最后给学生看的分数是等级制,百分成绩"内部掌握"。评分从一次改变为两次。

模范教师心理不平衡,努力半天,也看不出平均分比别人高多少,得奖金是小事,姑且不论,自我价值如何体现?

家长的心态是越发地躁动不安,他们最关心的不是孩子的感觉,也不是孩子的分数,而是孩子的名次。因为孩子只有超过许多人,变成尖子生,才可能上重点,进大学,成龙成凤。家长会上公布的分数差不多,家长就纷纷刨根问底,非要较量出个高低来。老师于是羞羞答答地说:"我这儿还有个百分制的分数,干脆念了吧。"内部档案公开,等级制垮台,百分制复辟。

中学老师则提出这样的问题:你在小学淡化分数观念,可是不能取消中考和高考。考试就要争分,1分都要争,0.5分都要争,孩子没有争分的意识,中学老师怎么教?中学和小学如何衔接?

分数等级制的改革一开头就遇到了这么多困难。如何是好?

建议用如下一些办法：

（1）小学一、二年级只给评语，不判分；三、四年级用五分制；五、六年级平时小测验用五分制，期末考试用百分制；初三则全用百分制。

（2）宣布考试分数为私人的事情，学生有权知道自己的考试分数及名次。除老师、家长外，旁人不得打听。老师和家长也无权对别人公布孩子的分数。

这样可以使孩子对分数逐渐适应，避免突如其来的分数压力破坏孩子的学习兴趣和自尊心，也避免孩子缺乏分数观念，对中小学衔接和升学考试不利。

然而，比这更重要的，是要转变校长和教师的观念。推进素质教育，没有素质教育启蒙是不行的。对于一个懂素质教育的老师来说，评分用五分制还是百分制虽然也是个问题，但不是最要紧的。实行百分制的时候，他不会简单地用分数差异来判断学生的良莠；在实行五分制的时候，他也不会因为大家都是"优"，就认为学生"彼此彼此"。他心目中的学生是一个个不可重复的、立体的、有个性的活人，在有些方面可以比较高低，而从根本上来说是不可分高低的，每个人都拥有自己的价值。像前面谈到的有的老师一改成等级分数制就失去了前进目标，失去了法宝，学生面目也模糊了，书也不会教了，甚至连自我的价值都找不到了。这说明他们真的已经成了分数的奴隶，是教师素质不高的表现。

有的老师会说："我并不愿意做分数的奴隶，可是中考高考要看分数，领导给我布置分数指标啊！"素质低的教师抵制素质教育，对素质教育阳奉阴违；素质高的教师正相反，抵制应试教育。他也认真抓应试，也对上级的某些不正确做法做适当让步，但他注意力的重心是学生的素质提高。他是搞应试而不搞应试教育。在素质低的教师眼里，所谓素质是空洞的东西，他看不见素质在哪里，只有分数是实实在在的，而一个素质高的教师在学生的一举一动一言一行中都能看见素质，分数只是素质的一部分。这好比对于钱的态度。在商品社会中，谁都离不开钱，所以谁都无法绝对地清高，但这不等于谁都会成为钱的奴隶。事实上为钱而活着的还是那些素质低的人，他们眼里只有钱，比钱更有价值的东西他们顶多口头上承认，实际上常常感觉不到，更不会为之奋斗。素质高的人只是把钱作为一种工具而已，他们能切实地感到许多比钱更有价值的东西，而且能得到它们。可见，单纯为应试进行教学的人，即使被评为模范，也是素质不高的教师。分数像货币一样，不过是一种躲不开的工具，他们绝不会受制于分数。如此看来，反对应试教育如同反对拜金主义，是一项长期的艰巨任务。打算简单地通过某些行政手段就解决问题，是根本不可能的。

第五章 试题制作技巧

第一节 怎样制作客观式试题

1. 客观式试题的制作

第一，短答法。

（1）问题回答要求明确。除师生都已明确的要求之外，试题上要附有说明。

如：计算下列试题。

$\frac{1}{2}+\frac{3}{4}=\boxed{}$

此题的计算结果有三个，即 $\frac{5}{4}$，$1\frac{1}{4}$，1.25，哪个答案符合问题回答要求不明确，应该加上用分数还要用小数回答等限定性要求。

再如：计算 $\sqrt{27}=\boxed{}$。

这种试题一出现，考生一定要问保留几位小数。要求不明确，会给答题带来困难。

（2）单纯考查年代、数据时，最好用完成法，而且数据单位放在空格外为宜。

如：1km＝$\boxed{}$ m

1m＝$\boxed{}$ cm

1cm=□mm

第二，完成法。

（1）一段文字内空格处不可过多。空格过多会影响学生对全文的正确理解，不知应该怎样答。

如：（　　）于（　　）年在上海成立。

这种题使学生无法理解句子或短文的全貌及设问，因而也无法回答。

（2）根据问题本身难易程度或学生实际水平以及教学计划要求，可分自由填空，不提供答案自由填空；定量答案填空，有十个空格，提供十个可填空答案；非定量答案填空，有十个空格，提供15—20个答案，从其中选十个填入。教师可根据试题内容性质及目的选择其中一种。

（3）完成法的空格处，一定要是选择日期、人物、地点、数据等回答简单又是本题的基本知识点，不可在影响学生对短文理解的地方设空格。

如：通过南京的主要（　　）干线是京沪线。

此题应改为：通过南京的主要铁路干线是（　　）线。

再如：通过南京的主要（　　）是（　　）。

此题是在关键部位上设空，但不能反映出原理原意，使学生不能真正理解答题意图。

（4）完成法试题的空格最好设在题的末尾处。因为句子前半部分决定学生思考方向，学生依据句子前半部分，经过思考完成后半部分的空格。

如：（　　）于896年举行起义。

将此题改成：896年率领农民举行起义的是（　　）。

这样更易于学生理解。

(5) 空格处不要对学生起到提示作用。

如：水是由 ☐ 和 ☐☐☐ 组成的。

以上空格数，有可能成为学生的暗示信息。应改成：水是由（a）和（b）组成的。

答：a：＿＿＿＿。

b：＿＿＿＿。

第三，改错法。

(1) 一个较短的试题中不要出现两个以上的改错点，改错点过多会影响学生对试题的整体理解。

(2) 根据学科及试题内容的特点决定采用限制性或无限制性改错法，以便保证采分的客观性。

例如：伦敦是法国的首都。

这一试题改"伦敦"为"巴黎"或改"法国"为"英国"都是正确的，两种以上正确可能的出现，易造成考生动摇不定的心理。不利于考生迅速解题。因此在预想到多种正确答案后，可采用限制性改错法。

(3) 制作试题时，对标准答案以外的正确答案要做出预想。

以上三种考试形式都属于完成式考试方法。完成式考试适合于下列情况：

(1) 考查基础知识及基本概念；

(2) 考查基本定义及史实；

(3) 考查数学的计算和证明；

(4) 考查基本技能，如：语文的汉字等。

第四，正误法。

(1) 设问要简单、明了，尽量避免使用长句子。句子长短以30秒能理解为宜。

（2）由于正误法的推测回答率为 50%，所以加大试题量可以提高其信度。一般以 30 题为适中。

（3）不要的内容尽量从设问中删掉，防止由于不必要的文句过多引起学生的怀疑，分散学生对问题实质的注意。

如：被称为冰城的哈尔滨是东北最冷的城市。（正、误）

其中"被称为冰城"几个字一般应删掉，它易于使学生把分析、判断注意力放在此处。

（4）一个设问句只能出现一个正误判断处，两个判断处不但没有任何意义，而且会使学生无以回答。

（5）设问句要避免使用教科书原句，这样会使学生死记硬背。

（6）"绝对""决不""偶尔""只是""仅仅"等限定性词，易于成为学生（作为错误的）分析重点，所以在设问句中要慎重使用。十分熟悉、适应这种考试的学生，对凡带有"经常""绝对"等限定词的句子一般都判为错句，而对带有"只有""有时""恐怕"等限定词的句子一般都判为正确句。

（7）设问句最好使用陈述句，避免使用否定句和双重否定句。

如：看完一个实验设计之后，如果提出一个问题"这个实验的全部过程不能不是正确的"，让学生进行判断，这时考生必然把注意力集中在"不能不是"的否定句上，而忽视实验过程的研究。应改为"这个实验的全过程是正确的"为好。

（8）一句子或短文中不可出现两个以上的观点。

如：吴承恩著有《西游记》和《水浒》两部著作。（正、误）

这里是部分正确、部分错误，由于此题是判断题而不是改错题，要求考生判断正确与否，所以考生会认为此题正确但又不完全正确，或此题错误又不完全错误，模棱两可，无法回答。

（9）注意避免正误文数量及排列规律对学生起到提示作用的现象。

第五，组合法。

（1）尽可能做到设问句组长些，回答句组短些，比如：用词、数据等回答，这样易于学生解答。

如：将下列著作的作者从 a—e 中选出，将序号分别填入（　）中。

A.《家》（　　）　　　　　a. 吴承恩

B.《西游记》（　　）　　　b. 巴金

C.《东方》（　　）　　　　c. 曹雪芹

D.《红楼梦》（　　）　　　d. 魏巍

　　　　　　　　　　　　　e. 茅盾

（2）组合要求标准、明确，每组每项性质要一致。如：一方是国名，另一方是首都名；一方是作品名，另一方是作者名。性质不一致时，要单独说明。如："请将下面著作和名曲的作者，从 a—e 中选出。"

（3）设问句与选择句数量不等，这样可以降低推测回答率。此外设问句和选择句一定要在同一试卷纸上，不要分成两张纸，避免学生答题时浪费时间。

（4）低年级学生适宜用连线的方式，高年级学生最好用符号填空。使用符号时，两组符号不可雷同。如：一组用数字（1、2、3……），另一组可用英文字母（a、b、c、d……），或用汉字顺序号（甲、乙、丙、丁……）等。

（5）设问句与选择句中，只能有一个具有联系的对子，避免出现两个设问句可与同一个选择句相联系，或一个设问句可与两个选择句相联系。

如：将下列有关联的词组用线连接起来。

汽车　　　　　　　　　发动机

飞机　　　　　　　　　鱼

水池　　　　　　　　　水

此题中飞机与汽车都与发动机有联系，水池既与鱼有联系，也与水有联系。如果出题者想出多重联系题，应事先说明。如："请将下面作品的作者从 a—e 中选出，并将序号填入括号中。（注：可以进行多重选择）"

（6）组合法试题，每个题的选项以 5 个（设问组）比 7 个（选择组）或 7 个比 12 个为比例为益，试题组过少会增加答题的偶然性，试题组过多会加重学生选择过程的负担和心理压力。比如：出现 20 组设问 20 组选择答案，慎重的学生就要进行 $20 \times 20 = 400$（次）相互对比，既浪费时间又加重学生负担。

（7）注意试题组的排列顺序问题。试题组排列不要有规律性，有规律会使学生进行推测性、模糊性回答。比如：如果历史事件按先后顺序排列，学生就可按着先后顺序从年代中选出正确答案，即使学生不知道，也可推测出来。

第六，排列法。

（1）由于排列法主要考查对事物关系的理解，所以尽可能避免使用教科书上的原句或讲授中的原句做试题。

（2）问题项目不可过多。一个试题中的排列项目一般以 5—6 个为宜，最多也只能以 8 个为限。因为几个项目的解答数可以有几个解答法，其中只有一个是完全正确的，其他排列都为误解。如下表所示，随着排列项目增多，正解和误解的比率必然成反比急速下降，稍不注意，就有打零分的危险。因此，除了必要的项目外，其他项目应尽可能减少。

项目数（n）	可能排列数（n）	正解数和误解数比率
2	2	1：1
3	6	1：5
4	24	1：23
5	120	1：119
6	720	1：719
7	5,040	1：5,039
8	40,320	1：40,319
9	362,880	1：362,879
10	3,628,800	1：3,628,799

（3）排列的各个项目难易程度要尽可能保持平衡水平。特别是按顺序应该排在两端的项目要注意。因为按顺序应该排在两端的项目的难易，将影响整个试题的难易程度。如：有A—B—C—D—E为正确顺序的试题。A为头，E为尾，如果A和E十分明显地看出是在两端的位置，这样如上表所示，学生可能进行判断排列的次数由120次下降到24次或6次。如果C明显地看出是中间位置，如：$-2, -\frac{1}{2}, 2, 4, 0$中的0，那么学生可能进行判断的次数由120次下降到$2+2=4$（次）。显然，难易题目的存在及存在位置的不同，将决定整个试题难易程度的变化。

（4）采分方法。排列法最大的难点就是合理地进行采分问题。在全正确的情况下，自然是满分。但只错一个位置便判为全错的采分方法有点过于简单。比如：A—B—C—D—E为正确顺序的试题，有人只将A和B的位置颠倒了，其余部分均为正确，此时如果简单地判为全错，就不能真实地反映出考生的实际水平。在有计算机帮助采分的条件下，可采用分组加分的形式，再按各组顺序正确与否积累总分的方法。比如：A—B—C—D—E 为正确的试题，可将上述题目分成下列 10 组：A—B，A—C，A—D，A—E，B—C，B—D，B—E，C—D，C—E，D—E。如果甲考生只将 A—B 位置按颠倒了，成为 B—A—C—D—E 顺式，其中 B—A 组为误解，其余 9 个组均为正解，可给 0.9 个单位（如果该题满分为 1 分，应给 0.9 分）；如果乙学生答为 D—C—A—E—B 顺序，正确的只有 A—B，A—E，C—E，D—E 这 4 组，仅能给 0.4 个单位（如果该题满分为 1 分，应该给 0.4 分）。这样采分能实事求是地反映出学生的水平，较为科学。下面表 1 和表 2 分别列出 5 个项目和 4 个项目的排列方法种类和得分。

表 1　5 个项目不同排列方法及得分表

（A—B—C—D—E 为正解，满分为 10 分）

顺序	得分	顺序	得分	顺序	得分	顺序	得分	顺序	得分
ABCDE	10	BACDE	9	CABDE	8	DABCE	7	EABCD	6
ABCED	9	BACED	8	CABED	7	DABEC	6	EABDC	5
ABDCE	9	BADCE	8	CADBE	7	DACBE	6	EACBD	5
ABDEC	8	BADEC	7	CADEB	6	DACEB	5	EACDB	4
ABECD	8	BAECD	7	CAEBD	6	DAEBC	5	EADBC	4
ABEDC	7	BAEDC	6	CAEDB	5	DAECB	4	EADCB	3
ACBDE	9	BCADE	8	CBADE	7	DBACE	6	EBACD	5
ACBED	8	BCAED	7	CBAED	6	DBAEC	5	EBADC	4
ACDBE	8	BCDAE	7	CBDAE	6	DBCAE	5	EBCAD	4
ACDEB	7	BCDEA	6	CBDEA	5	DBCEA	4	EBCDA	3
ACEBD	7	BCEAD	6	CBEAD	5	DBEAC	4	EBDAC	3
ACEDB	6	BCEDA	5	CBEDA	4	DBECA	3	EBDCA	2
ADBCE	8	BDACE	7	CDABE	6	DCABE	5	ECABD	4
ADBEC	7	BDAEC	6	CDAEB	5	DCAEB	4	ECADB	3
ADCBE	7	BDCAE	6	CDBAE	5	DCBAE	4	ECBDA	2

续表

顺序	得分	顺序	得分	顺序	得分	顺序	得分	顺序	得分
ADCEB	6	BDCEA	5	CDBEA	4	DCBEA	3	ECBAD	3
ADEBC	6	BDEAC	5	CDEAB	4	DCEAB	3	ECDAB	2
ADECB	5	BDECA	4	CDEBA	3	DCEBA	2	ECDBA	1
AEBCD	7	BEACD	6	CEABD	5	DEABC	4	EDABC	3
AEBDC	6	BEADC	5	CEADB	4	DEACB	3	EDACB	2
AECBD	6	BECAD	5	CEBAD	4	DEBAC	3	EDBAC	2
AECDB	5	BECDA	4	CEBDA	3	DEBCA	2	EDBCA	1
AEDBC	5	BEDAC	4	CEDAB	3	DECAB	2	EDCAB	1
AEDCB	4	BEDCA	3	CEDBA	2	DECBA	1	EDCBA	0

表2 4个项目不同排列方法及得分表

（A—B—C—D为正解，满分为6分）

顺序	得分	顺序	得分
ABCD	6	CABD	4
ABDC	5	CADB	3
ACBD	5	CBAD	3
ACDB	4	CBDA	2
ADBC	4	CDAB	2
ADCB	3	CDBA	1
BACD	5	DABC	3
BADC	4	DACB	2
BCAD	4	DBAC	2
BCDA	3	DBCA	1
BDAC	3	DCAB	1
BDCA	2	DCBA	0

（5）排列方法在一定情况下可改成多项选择法，更有利于评分速度和计算机评分。也就是将主要的排列方法（正、误）选出几个，供

学生从中选出一个。

如：将下列 A—E 事件按从古到今的顺序排列原则，选出一个正确的顺序。

太平天国、甲午海战、秋收起义、十月革命、江东十六屯惨案。

  （A） （B） （C） （D） （E）

1. A—B—C—D—E
2. B—C—D—A—E
3. E—A—B—D—C
4. A—E—B—D—C
5. B—E—A—D—C

第七，多项选择法。

（1）由于多项选择题试题字量大，所以试题尽可能简洁，防止冗长。

（2）选项中共同部分尽可能放入试句中，缩短选项句，可以节省阅读时间。

如：选出一个正确的答案，并标上"○"。

a. 试题的信度随着试题的难度改变而改变。

b. 试题的信度随着考试时间长短而改变。

c. 试题的信度随问题数量的改变而改变。

d. 试题的信度随着考试目的明显程度而改变。

这就是一个选项过长的例题。该题中没有正文，各选项独立存在，无法体现多项选择试题的优势。改成下面的试题形式，更利于考生比较、判断。

如：改变试题的信度采取以下哪种方法适当，请选出一个，并标上"○"。

a. 增加问题数量。

b. 改变问题的难度。

c. 缩短考试时间。

d. 改变考试目的明显程度。

（3）用选项填空的试题，其空白处一定要出现在问题的尾部，出现在问题的头部会使学生难于理解问题的中心。

如：（空白处在头部）

从下边选出一个最合适的句子，用记号填入空白处。

☐ 是客观考试中的一种形式。

a. 论文式

b. 口试

c. 多项选择式

d. 短答法

此题应改成空白处在尾处的句式。

从下边选出一个最合适的句子，用记号填入空白处。

客观考试的代表形式是 ☐ 。

a. 论文式

b. 口试

c. 多项选择式

d. 短答法

（4）选择法的最大特点是不仅有绝对地"正误"选择形式，而且有通过对选项的比较选出与试题最适合的选项的选择形式，因此问句中的设问一定要明确。如："从下边1—4句中选出一个正确的答案"，"从下边1—4句中选出一个最适合的答案"或者"从下边1—4句中选出一个适当的答案"等。

(5) 选择法试题一般以一个正确答案隐藏于某个选项中,但有时也有不止一个正确答案的情况。出此种题时,应说明答题要求。

(6) 选择法主要是通过比较、判断来完成试题,如果选项之间互相独立,不存在内部联系,仅仅是正误判断,就失去了选择法的意义,应改为正误法。

如:从下边句子中选出一个正确的标上"○"。

a. 美国首都是华盛顿。

b. 英国首都是巴黎。

c. 法国首都是伦敦。

d. 意大利首都是罗马。

此题选项之间相互无关系,此题就应改为正误法。

如:下边各句正确的请画"○",不正确的画"×"。

a. 美国首都是华盛顿。(　　)

b. 法国首都是伦敦。(　　)

c. 英国首都是巴黎。(　　)

d. 意大利首都是罗马。(　　)

(7) 在某些试题中,选项应按一定顺序排列,这样有利于学生观察选择并能节省答题时间。顺序可按数值的大小(2;2.5;4.6),数字的多少(2.4;3.25;4.378)或有其他内部联系的顺序排列。

(8) 在平时教学过程中,教师应有意识地积累一些学生易错的例句,考试时用作选项,这样可以得到判断性反馈信息。

(9) 选项制作时,还要注意以下问题:

a. 不要选一看就知道是错误的选项。

b. 正误选项的位置不要固定。

c. 防止通过上下文逻辑推理选出的选项出现。

d. 防止前后文中有暗示因素的选项出现。

如：生长在主干或侧枝顶端的芽叫做（　　）。

a. 侧芽；b. 顶芽；c. 叶芽；d. 混合芽。由于此题中语干部分中已指明"顶端的芽"，因此暗示出"顶芽"；e. 防止选项长短不均而造成学生心理错觉。如：短句为误，长句为正。

(10) 选项一定要相互独立，不可出现排他句现象。

如：请在下列句中选出一个正确的，画"√"。

a. 美国首都是旧金山。

b. 美国首都是华沙。

c. 美国首都是伦敦。

d. 法国首都是巴黎。

此题中 a、b 和 c 句为排他句，如果其中一个正确，此题就正确，其他选项存在无任何意义。

(11) 选项不宜过多。过多选项的试题，会影响学生的注意力，使学生只注意各选项间的判断、比较，脱离出题中心。所以与其增加选项，不如增加试题更好。选项数一般以 4—5 个为合适。

2. 客观试题制作原则

第一，问题明确。试题和解答方法一定要明确，不能模棱两可。

如：（试题不明确）

一般英语能力和数学能力间有很高的相关性。（正、误）

这个试题就不明确，有很高的相关性。到底有多高。类似这样的题，学习好求甚解的学生往往答错。而学习一般的学生往往答对了。这是由于试题不明确造成的。应改为：

一般英语能力和数学能力间有 0.5 左右的相关性。（正、误）

又如：（要求不明确）

哥伦布是什么时候发现美洲新大陆的？（　　）

"什么时候"的概念就不明确，是答公元 1495 年正确，还是答十五世纪末。应改为：

哥伦布是哪年发现美洲新大陆的？（　　）

第二，内容重要。设计内容一定要是基础知识，基本技能，事实和内容有利于观察的，不要用一些枝节性的问题有意难为学生。

如：（枝节性题）

哥伦布发现新大陆时，乘坐的船名叫什么？（　　）

又如：（非基础知识）

世界第三高的山是什么山？（　　）

这两道题都不是学习内容的核心要素，起不到考查作用，相反会造成学生的紧张感。

第三，正解的唯一性。答案必须是一个，不能出现两个以上，或似是而非的答案。学生一想对，又一想还不完全对的答案是不符合要求的。这类问题一般都发生在限定性条件句的使用上。

如：（正解不清）

水在摄氏 0 度时成冰，在摄氏 100 度时沸腾。（正、误）

这个例题就是正解含糊不清的例子。一看也对，但仔细一考虑，在青藏高原上不到 100 摄氏度水就沸腾了。这就缺少限定性条件句。应改为：

正常大气压条件下，水在0℃时成冰，在100℃时沸腾。（正、误）

第四，回答方式简单化。试题的效度不在于回答方式，而在于试题内容。阅读量大，要求理解力强，所以在回答方式上应以简单化为原则。

如：（回答方式复杂）

调整句子，把下面4句话组成一段有条理的文字，按顺序写入横线上。

a. "谦受益，满招损"，这句格言流传到今天有两千多年了。

b. 但是，可惜得很，并不是所有的人都能从这句格言中受到教益。

c. 这条真理指出了人们成功和失败的道理。

d. 这是普遍真理，任何地区、任何时代都适用的真理。

① _____
② _____
③ _____
④ _____

此题回答时，学生必须将题全抄一遍，时间全浪费在抄写上，而不是用于分析、判断和理解上。应改为：按顺序将标号填入括号内。① （ ）→② （ ）→③ （ ）→④ （ ）

第五，试题独立性。试题之间要回避有直接提示性影响的因子存在。不要出现前道试题的结果，成为后个试题的暗示。这样的试题没有任何意义。

第六，一问一要素原则。客观性考试，试题数量多，而题短，每题所含内容有限，因此一般采用单纯性试题。如果考试希望考查出学生许多能力要素，要采用综合性试题时，也必须把这道综合题分成若干个小的设问。每个设问解决一个问题。这就是一问一要素原则。

第七，防止死记硬背的原则。试题一定要防止将教科书句子原封不动地引入，这样只能助长学生死记硬背的学习方法，不利于促进学生理解能力和应用能力的培养。

第八，注意限定副词的用法。限定性副词，如：绝对、经常、一般、至少等等，如果使用不恰当，不仅影响学生对试题的理解，而且会把学生的注意力引到副词上去，与出题的意图背道而驰。

如：（副词不当）

考查学生组织材料、文字表达能力时，客观式考试绝对不适用。

这里"绝对"一词会成为学生主要怀疑、犹豫不定的中心词。有些老师为了强调某事总是不恰当地运用一些副词，结果事与愿违，将学生的思路引偏。

第二节　怎样制作论述式试题

制作论述式试题应注意以下几个问题：

第一，问题范围要明确。指明答题范围是制作论述题首要注意的问题。其要点是，就某问题某点回答，还是对某几个问题进行对比。

如：就下列问题论述客观式考试在教育上的利弊。

（1）学生立场

（2）教师立场

出题时不可笼统地"论×××"，而应"比较×××"或者"说明×××"，具体指明论述的范围及界限。

第二，根据题的重要性及出题者的指导思想，可限定回答字数。这样有利于时间控制和范围控制，是一般考试经常用的方法。限制的方法可用字数，也可用一定数量的空格。

如：试谈客观式考试的特点（字数在1000字以内）

第三，论述式试题与其出几道较大型题目，不如出更多一些小型题目。把大题目划分成若干小题目，可以使解题范围更清晰，有利于学生理解，也有利于教师评分。题目过大，题意模糊性也大，学生很难一下子抓住答题范围，稍微不注意就有可能由于"少了几点"或"缺了一个方面"而丢分，这样难于真实地反映学生的真实水平。题目过大，学生的理解与教师的出题指导思想间差距也易拉得过大，两者很难吻合。因此大型论文题目考试很少有得高分的学生就是这个原因。

第四，一般现象的事实，如：人物、地点、时间、年代等问题，解答简单，最好不用论述式试题。

第五，论述式试题，最好尽可能不采用谈谈感想之类的题目。因为学生不学习也可以随便谈些感想，对于学习结果的检查没有积极意义。

第六，为了保证考试信度，在出题的同时应该将采分标准答案或采分要点同时制作出来。不能以"标准答卷"为标准答案，更不能随采分随定标准。

第七，在论述式考试限定时间的情况下，不应制定"有独创性、创造性才给满分"的硬性采分基准。因为限制时间的论述式考试同那种有较宽裕的时间，又有一定实验基础的论文是不同的。在限定的时间内答固定的几道题也很难圆满地体现学生的独创性与创造性。

第三节　怎样制作语文试题

语文科考试比其他学科考试更具有综合性特点。语文能力和知识有三大方面，一是基础知识，二是阅读（现代文阅读和文言文阅读），三是作文。

1. 基础知识命题方法

基础知识考试是语文考试不可缺少的部分。教师比较熟悉的方法有解词、造句、注音、填空、改错、加标点、语法分析、简答题等。近几年又出现一些综合性题型，即一道题具有几种考查功能，或是几种单一题型的综合。下面简单介绍几种，更多地还需要教师自己灵活运用和创造。

（1）复合法

复合法是将多种知识、多种技能融为一题中进行考核的方法。由名人常识、拼音知识、归纳整理等知识构成的试题，它可以考查学生综合处理知识的能力。

（2）多元法

多元法是由多种知识组成的试题的命题方法。由小说书名、小说作家、作家国籍、作家生活时代、人物性格等知识组成的试题，它可以考查学生的综合能力和归纳能力。

（3）实用法

实用法是将知识和实际应用能力结合在一起的题型。它打破了就知识考知识的局限，使知识向平面扩展，题出得灵活。

（4）层递法

层递法是以知识为龙头，然后引出其他相关知识层层递进，连锁反应的题型。由点到线，再由线到面地扩展，考查学生立体思维能力。

2. 阅读知识的命题方法

阅读主要考查学生理解、分析、批判问题的能力。常见有以下几种方法。

(1) 叙述法

叙述法是将某一内容、观点加以概括、叙述的命题方法。例如：读了吴伯萧同志的《菜园小记》，你体会到写这种散文需要具备哪些条件？

(2) 分析法

分析法是将某个问题的基本意义、属性、中心思想、结构特点等发掘出来的命题方法。例如："真的勇士，敢于直面惨淡的人生，敢于正视淋漓的鲜血"是什么意思？从课文中看，"真的勇士"该是哪些人？

(3) 比较法

比较法是两个或两个以上问题加以比较，找出其异同的命题方法。例如：葛朗台、泼留希金、夏洛克都是中学课本中的人物形象，请比较他们的性格特征。

(4) 举例法

举例法是让考生通过用实际例子证明某种观点或现象的命题方法。例如：以《变色龙》为例，举例说明奥楚蔑洛夫是怎样"变色"的。

(5) 评论法

评论法是对某种观点、现象、事实进行评价议论的命题方法。例如：联系东晋的社会现实，说说《桃花源记》表达了作者怎样的社会理想？我们对他的理想应当怎样评价？

现在一些考试往往用一个素材集中考查学生多方面的能力，题型变化也十分灵活。这一趋势应引起出题教师们的注意。

如：阅读《骆驼蓬》这则短文，完成文后的要求。

骆驼蓬

骆驼蓬，你是沙漠植物中的骄子！

啊，你看上去是那么不起眼！没有挺拔的茎，翠绿的叶，yàn[　　]丽的花，_____你一代一代倔强地生长着，把根须深深地扎进砂lì[　　]之中，shè[　　]取一星半点的水分和营养，日积月累，_____它储存进自己的叶和茎里……但那不是为使自己永存，而是为他人造福。

可不是吗？当长途跋涉的骆驼队饥渴难忍之时，你无私地献出自己的茎和叶，_____驼队继续前进加油出力；_____严寒袭击驼队的时候，你_____毫无保留地献出自己的一切，燃起熊熊gōu[　　]火，给辛勤的跋涉者_____光明和温暖。

骆驼蓬，你本是一种普通的、无名的蓬，但人们用"骆驼蓬"这个美号为你命名，这是你的骄傲，_____是你的光荣。

要求：

(1) 根据注音提示，在[　　]内填上一个适当的实词。

(2) 在_____上填上一个适当的虚词。

(3) 文下加点的句子是个_____关系的复句，它在结构上起_____的作用，在内容上起_____的作用。

(4) 全文（不是指个别语句）采用了什么修辞手法来写？这样写有什么好处？

答：_____

(5) 简要说说这则短文的寓意。

答：_____

3. 作文的命题方法

作文是我国语文传统考试方法之一，它可以综合考查出学生逻辑思维能力、形象思维能力、语言表达能力等。作文命题有以下几种方法。

(1) 缩写法

缩写法是将较长的文章,在文字上加以压缩,简明扼要地表达出原文主要内容的命题方法。例如：1978年全国高考作文就是缩写《速度问题是个政治问题》。缩写法的优点是能够考查考生概括、提炼能力。

(2) 扩写法

扩写法与缩写法相对,是对原文加以扩展和升华的命题方法。例如：1988年广东省高考作文就是根据一幅图和说明写一篇记叙文。

(3) 改写法

改写法是将同一内容用不同文体重新表达出来的命题方法。例如：1979年全国高考作文就是将《第二次考试》改写为《陈伊玲的故事》。

(4) 续写法

续写法是一种接续、补充原文的情节、内容,使原文得以完善和发展的命题方法。下题就是一种续写法作文题材：

请根据所提供的线索,将下面一段文章续写下去。

"小明回到家里,把他书桌前的窗子打开,深深地呼吸着几口觉得特别芳香的空气,窗前阳台上几盆月季花正在盛开着,使他觉得格外心情舒畅。书桌上,一张奖状是小明刚刚从学校里带回来的,小明把它平展地摊放着,仔仔细细地端详起来……"

(5) 示图法

示图法是根据图示和要求命题作文的命题方法。例如：1983年全国高考作文出示一幅图画,要求考生看图后,写一篇说明文或议论文。

（6）素材法

素材法是由教师提供写作材料，考生各抒己见的命题方法。如：1980 年至 1981 年全国高考作文基本上都采用此种方法。

（7）命题法

命题法是教师拟题目，学生根据题目作文的方法。命题法是我国传统考试方法，在实际中应用最广。

第四节　作文标准化试题制作

作文标准化实验一直是褒贬不一，但是在标准化考试中，作文标准化是一种新的研究题型，应用前途很广，它最大的优点是能够控制评分的误差，提高试题的效度。

1. 作文标准化试题举例

作文标准化题型与客观题型基本相同，应用中有所区别。下面例题是《语文教学通讯》1987 年 8、9 期刊登的例题。

审题

（在正确答案的代号上画"√"）

（一）有一个作文题：《我从这件事中懂得了一个道理》

1. 这个题的"题眼"是：A. 这件事　B√ 道理　C. 我

2. 这个题应该写成：A. 记叙文　B. 说明文　C. 抒情散文　D. 议论文　E√ 记叙为主兼议论

3. 这个题中的"这件事"要求：A√ 写"我"所见所闻所做均可　B. 只能写"我"所见　C. 只能写"我"所闻　D. 只能写"我"所做

（二）有两个作文题：《我的老师》《我和我的老师》。这两个题要求：A. 都是写"我"的老师　B. 都是写"我"和老师的关系　C√ 前

者写"我"的老师后者写"我"和老师的关系

（三）有一组作文题：A.《国歌是怎样诞生的》 B.《怎样修理收音机》 C.《怎样做"四有"新人》 D.《春在哪里》 E.《拔牙》 F.《入团申请书》。

填空：1. 必须写成记叙文的有（A） 2. 必须写成说明文的有（B） 3. 必须写成议论文的有（C） 4. 必须写成书信体的有（F） 5. 最适宜写成散文的有（D） 6. 可以写成说明文也可以写成记叙文的有（E）（括号中的字母、答案，作者拟定）。

命题

给下边一篇短文选择一个合适的标题（在合适的题的代号上打"√"）

一天，鸟类学家郑作新正在接待客人，他的一位年轻的助手送来一份替他抄写的英语文件，请他审阅，郑老看后，立刻指出有一个字母应该大写。年轻人说："我是照你的原件抄的，那上面是小写。"郑老笑笑说："不会的，一定不会！"年轻人说："真的，真的是小写！"说着郑老着手去找原件。

郑老的桌上书报材料很多，他翻找了一会儿。客人暗暗替他担心，郑老已经七十多岁了，高龄老人爱忘事，万一他记错了，翻出来不是让自己难堪吗？就在这时，他翻到原件了，他指着原件中的那个字母，对助手说："你看，是大写吧！"他接着亲切地嘱咐："你们年轻人做事情也该培养严谨的作风，你说对吗？"

年轻人信服地点点头。

标题：1. 郑作新的高度记忆力 2. "大写"还是"小写" 3. 年轻人记错了 4. 还是郑老的记忆力强 5. 年轻人服气了

立意

一个同学做错了事,班干部批评他,他不接受,说:"这个干部批评我时态度不好,我就是不接受。"

如果要你就这件事写一篇"一事一议"的驳论文章,你准备用什么观点驳斥他?请从下列观点中选择一个(打"√")。

1. 干部的态度不好是因为激于义愤,抓人家的态度是不对的。2. 干部批评人态度就得严厉一点,不然没人怕。3. 干部态度不好,下次可以改正,不应抓住不放。4. 干部态度不好,的确叫人无法接受批评,他应该讲究方式方法。5. 干部摆官架子,应该主要批评干部。6.√责己要严,责人应宽。7. 做了错事,又不接受批评,错上加错。8. 双方都有不对之处,各自多作自我批评。此外,你还有什么新观点,请写出来。

选材(剪裁)

下边是《我们的榜样》这个作文题的选材范围。请你指出哪些材料可取?(在前边的括号里打"√")哪些材料可删?(在前边的括里打"×")哪些材料应详写?哪些材料应略写?(在后边的括号里注明)

(√) 1. 我们的榜样是余笑梅,她今年15岁,是班长。(略)

(×) 2. 她冬天爱穿红色的防寒服,夏天爱穿黄衬衣,蓝裙子。( )

(×) 3. 她原籍江西省弋阳县,她的童年就是在那里度过的。她每年暑假都要回去一个月,跟她姥姥一起劳动。( )

(√) 4. 她有一对明亮的大眼睛,梳着两条小辫子,身高1.65米。(略)

（√）5. 她每个学期都被评为优秀班干部。（略）

（√）6. 她家务负担很重，但是从未耽误过上课。（略）

（√）7. 她智力并不超人，但是她毅力坚韧，一道难题做不出来决不就寝。（详）

（√）8. 她乐于助人，别人问她问题，她总是百答不厌。（详）

（√）9. 她上课专心听讲，但并不盲从，有时她提的问题连老师都答不上来。（详）

（√）10. 她做作业认真，写字一丝不苟。（略）

（×）11. 她爱护书籍，读过的书跟新的一样。（　）

（×）12. 她胆子大，不怕蛇，晚上走路不怕黑。（　）

（×）13. 她嗓音好，朗读课文数她棒，将来准能成为一个女歌唱家。（　）

（√）14. 她爱运动，操场上少不了她的身影。去年秋季运动会上她获得女子跳高第一名。（略）

（√）15. 她喜欢看课外书，每学期至少看两本小说。（略）

（√）16. 有些课外读物借不到，她就自己买，有时为买一本书要跑很远的路。（略）

（√）17. 她爱护公共财物，有一次晚上刮大风，她跑到学校关窗户。（略）

（×）18. 她尊敬老人，爱护儿童，每次坐车都给老人和抱小孩的妇女让座位。（　）

组材

有人要写一篇题为《我军的优良传统》的文章，分五个小标题，作为五个分论点，并搜集了九条材料作论据，但需要按五个论点分类。

请你帮助他把九条材料分别归入合适的小标题下(在括号内填上材料的代号)。

材料(论据):

A. 1947年3月,胡宗南军队大举进犯延安,毛主席当时只带着千余人的中央直属单位和敌人周旋。陕北老百姓为保护毛主席的安全,谁也不把毛主席的行踪泄露出去。毛主席在敌人的眼皮底下兜了一个圈子,敌人始终没有摸到毛主席的行踪。

B. 红军长征进行无后方、无依托的长途跋涉,实际上是绝境中求生存。红军以惊人的毅力跨越雪山草地,吃野菜、树皮、草根以至皮带,终于获得长征的胜利。

C. 据统计,全国有名可查、其亲属受到优抚的烈士有370多万人,其中大部分是在战争中牺牲的。没有留下姓名的烈士还不知有多少。

D. 长期以来,我军形成了一个很好的传统,叫打就打,叫撤就撤,叫走就走,叫停就停,一切行动听指挥。长征时,红军飞夺泸定桥,一天一夜走120千米硬是"要桥不要命"。

E. 1935年11月下旬,中央红军长征胜利到达陕北,为了粉碎敌人新的进攻,毛主席决定组织直罗镇战役。作战命令下达后,毛主席亲临前线,和周恩来同志一起,不顾敌机的轰炸和扫射,直接指挥作战。经过十几个小时的战斗,全歼敌109师和106师一个团,为党中央把革命大本营放在西北举行了奠基礼。

F. 抗日战争时期,我军人不多,枪很差,钱更少;国民党军队人多、枪多、钱也多。我军依靠和发动人民群众,部队不断发展,根据地一片一片建立起来,为中国革命的最后胜利打下了基础,而国民党军队到处欺压人民,不得民心,节节败退。

G. 抗日战争时期，压在八路军、新四军和人民肩上的，有61%的在华日军和90%以上的伪军，敌军数量和装备都占绝对优势，而我军很少有粮饷弹药的接济。我军为了克服困难，战胜敌人，在艰苦战斗的同时还进行生产。

H. 有个黄克功，参加过井冈山斗争和长征，对革命有贡献。1937年他在抗日军政大学担任第6队队长，对陕北公学女生刘茜逼婚，刘不同意，他就开枪将人家打死，结果被判处死刑。当时有不少人要求赦免他，让他戴罪立功。毛主席不同意，亲自写信给审判长雷经天。信中说："如为赦免，便无以教育党，无以教育红军，无以教育革命者，并无以教育做一个普通的人。"

I. 广西、云南边防战士，在三四十度的高温和潮湿泥泞的条件下蹲"猫儿洞"，一蹲就是几十天，几个月。

小标题：

1. 军民团结（论据：　　　　　）

2. 艰苦奋斗（论据：　　　　　）

3. 不怕牺牲（论据：　　　　　）

4. 铁的纪律（论据：　　　　　）

5. 深入实际，调查研究（论据：　　　　　）

谋篇

先读下面一篇短文，然后按要求改写。

妈妈卖鞋

"这倒好，只值两毛钱了。"妈妈手里拿着一双六成新的鞋走了进来。"这回又没卖掉？"弟弟看到了，连忙笑着问。说起妈妈卖这双鞋，还真有趣呢！前年，这双鞋弟弟穿不了，鞋子还挺新的。妈妈就想把它卖掉。碰巧那天有个专门收购旧衣和旧鞋的人路过我们家门口，一边走一边吆喝着："有旧衣裳、旧鞋的卖……"妈妈就把这双鞋拿出去给他看，起先他只给一块八毛钱，后来又加到两块。可妈妈还舍不得，这鞋子没卖成。去年，又碰上一个人，可开价只有一块了。"这双鞋还挺新的，去年还有人给两块呢！怎么今年只给一块了？"妈妈不解地问。"现在农民有钱了，穿新衣，穿新鞋，样样都要新的。这种东西现在不稀罕啦！这双鞋能卖一块就不错了，还不知明年能不能卖掉！我这买卖是一年不如一年，明年就打算不干了！"那人答道。妈妈当然又没舍得卖掉。可谁也没想到，这双鞋今天只值两毛钱了。"看来啊，农村人民的生活确实有了很大提高。"爸爸在一旁说话了。"这双鞋越来越不值钱了，说不定到明年连一根冰棍也不值了呢！"弟弟的话逗得大家哈哈大笑起来。

改写要求：1. 把倒叙改成顺叙；2. 改写的文字必须有开头、过渡和结尾，主要内容要分成四个小段，共七个自然段；3. 开头、结尾要互相照应。

表达

1. 连用三个比喻描述一个歌唱家的歌声
2. 用拟人法描述早晨的太阳
3. 用夸张手法描写百米赛跑
4. 用排比手法议论远大的理想
5. 用衬托法描绘夜间的安静

修改

下面是一篇议论文的写作提纲。分论点与中心论点扣连不紧。请你另拟3个分论点，使之紧紧扣住中心论点。

题目：学习不是为个人（中心论点）

分论点：1. 学习要打好基础，不能好高骛远；2. 学习要坚持不懈，不能松劲；3. 学习要攻克堡垒，不怕困难。

另拟 3 个分论点：

1.

2.

3.

（谋篇、表达、修改等题答案略）

2. 作文标准化试题实施要求

作文标准化实验中应把握两大环节，一是命题环节，试题内容、题型要适当，有一定预测效度，过易过难都会降低考试效度；二是评分环节，作文评分一定坚持测与评结合，即按不同类、按不同层次打分，之后综合评价。对于作文标准化试题一定要注意知识和能力的综合考查。

第六章　考试结果分析与利用

结果处理是考试过程的最后一环，也是最重要的一环，在这一环中，要对得到的反馈信息进行加工处理，是考试的真正目的所在。在进行结果处理时，需要注意以下几个问题：①在没有计算机的情况下，以班为单位适中；②分析不仅靠统计手段，还要靠任课教师的分析；③不仅对考试总体分析，对考生以及试题也要进行具体分析；④尽可能用图表分析简单明了。下面详细介绍一下结果处理的具体方法。

第一节　考试结果统计

第一，试题解答统计表。试题解答结果用试题解答统计表进行统计。统计表制作方法是：上横项是题号，左纵项是学生学号，上半部是分题统计，下半部是分选项统计。下面通过统计表，使每个学生解答情况，每题正答情况一目了然，对误答最多的选项，可通过分析找出原因。

选项数中记载的是各选项的回答情况数字，其中画圈的数为正答数。

试题解答结果统计表

题号 正解 学号	1 E	2 C	3 D	4 A	5 C	6 A	7 B	8～19 C～D	20 E	正答数	得分
001	+	+	+	+	B	B	+	+～+	A	16	80
002	D	B	C	+	+	+	+	A～B	A	12	60
003	+	A	+	+	+	+	+	A～B	+	14	70
004	C	A	+	B	A	B	+	+～B	A	10	50
005	B	+	C	+	A	B	+	+～+	A	12	60
006	+	+	C	+	A	+	A	A～+	A	11	55

续表

题号\正解\学号	1 E	2 C	3 D	4 A	5 C	6 A	7 B	8~19 C~D	20 E	正答数	得分
007	+	B	B	C	+	B	+	A~B	A	8	40
008	D	+	A	+	B	+	+	A~B	B	10	50
009	+	A	A	+	A	+	C	+~B	+	12	60
010	C	E	B	B	+	B	A	+~+	+	10	50
011	+	D	+	+	+	B	+	+~C	A	14	70
012	B	+	+	+	+	+	+	+~+	A	15	75
040	B	+	C	+	+	+	+	+	+	A		85
选项数 A	0	6	0	㉜	7	⑱	8	16			
选项数 B	3	4	0	5	5	10	㉚	0			
选项数 C	12	㉑	12	2	⑯	2	2	⑱			
选项数 D	8	7	㉒	1	10	5	0	4			
选项数 E	⑰	2	6	0	2	5	0	2			
正答数	17	21	22	32	16	18	30	18~20	6		2040
正答率(%)	42.5	52.5	55	80	40	45	75	45~50	15		51

注：+为正答号，误答记入误答的选项号

第二，代表值计算。代表值是反映考试总体状况的数值。因此是分析考试结果时经常适用的数值。有以下几种。

(1) 平均分（参见前面平均值计算公式）

平均分是反映总体水平的数值，通常都用平均分和标准差来表示该集体的水平。

(2) 中位数

中位数是指一组考分中最中间的分，也是反映考生总体水平的一种数值。中位数的确定方法是：从上到下排列的一组数，最中间的数为中位数。如果是偶数，那么取中间的2个数，相加除以2。如：45个学生排第23为中间数。46个学生用23位、24位的分数平均值为中位数。中位数的作用和平均分相同，但在反映考生总体水平上各有特点。比如：两个班考试比较，甲班有2、3个成绩突出的学生，而乙班有2、

3个成绩偏差的学生,由于两头学生的存在,使两个班的平均分拉开,甲班平均分是62分,乙班平均分是59分。在这种情况下,平均分由于受几个最高分和最低分自然差别的影响,不能真实地反映两个班的总体水平,即大多数考生的总体水平。而中位数则可排除最高分和最低分的影响,反映大部学生的一般总体水平。

(3) 众数

众数是指一组数中频度最高的一个数。众数标志考分总体倾向。下面是两班众数统计表。

甲班

分数	人　　数
50	
55	
60	
65	丨
70	丨丨丨
75	丨丨丨丨
80	正正
85	正正正丨丨丨丨
90	正丨丨
95	正
100	丨丨丨丨

乙班

分数	人　　数
50	
55	
60	
65	丨丨
70	丨丨丨
75	丨丨丨丨
80	正丨丨
85	正正丨丨
90	正正正丨丨丨
95	正丨丨
100	正

通过统计表我们看到甲班成绩的众数是85分段,而乙班考试成绩众数是90分段。它说明就班级大多数同学而言,即排除最差分数和最好分数学生的影响,乙班成绩好于甲班。

第二节　考试结果分析

考试评分结束,需要对本次考试进行包括考试成绩、试题、学生学习效果等多方面的分析，以便改进今后的教育教学工作。

1. **考试成绩分析**

对一个集体的考试成绩要全面分析。我们应以面向广大同学、争取大面积丰收为出发点。成绩分析有以下三个方面。

第一，高分分析。比较各班高分段人数。高分段可定为95分以上或90分以上。一经确定不再轻易改动。这种比较通过考试成绩众数统计表即可完成。其目的是对各班的高分成绩学生进行比较。

第二，总体分数分析。班级考试总体水平分析有三个代表值。

平均分。平均分标志该班级本次考试成绩的平均水平。但是一般分析平均分时，还要分析标准差。平均分越高说明班级平均水平越高。标准差越大，说明该班学习成绩间的差别越大。因此，平均分高，而标准差低的班级真正成绩高。

众数和中数。平均分虽然可以代表一般平均水平，但它有特殊因素制约，从而影响平均分的代表性。而中数和众数则是在排除最高和最低分的特殊因素影响下的代表值，因此更有代表性。中数代表本组成绩的总体倾向水平。众数代表本组成绩的集中水平。

平均数、中数，众数三者关系及代表性，如下图。

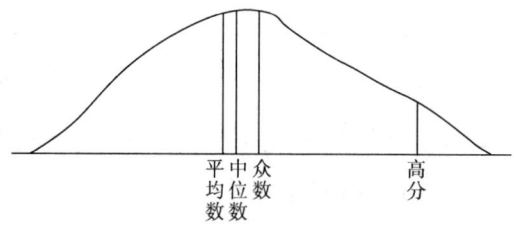

第三，标准分。利用平均分和标准差我们可以得到标准分（前面我们已讲过），标准分是标志个体在总体中的相对位置的分，所以通过标准分可以进行同一次考试各科之间的横向比较，也可以进行同一学科不同

次考试的纵向比较，以确定全年考试成绩水平或某学科考试成绩水平。

2．试题分析

试题分析前，要把"试题解答结果统计表"再进行一次加工，方法是将统计表按题号横向裁开，再按学生得分的高低顺序重新排列，背后用糨糊重新贴好。然后再纵向裁开按照各题正答率顺序排列，用糨糊贴好。有条件的话可复印一下，用另一张纸重新制一张表也可以。这样对考试基本情况、教学目的完成情况、教学问题、学生学习情况就一目了然了。请看整理之后的试题解答情况表。（见下表）

试题解答整理表

学生学号 \ 题号	4	7	3	2	19	6	8	～	5	20	正答数	得分
040	＋	＋	C	＋	＋	＋	＋		＋	A	17	85
001	＋	＋	＋	＋	＋	B	＋		B	A	16	80
012	＋	＋	＋	＋	＋	＋	＋		＋	A	15	75
003	＋	＋	＋	A	B	＋	A		＋	＋	14	70
011	＋	＋	＋	D	C	B	＋	～	＋	A	14	70
002	＋	＋	C	B	B	＋	A		＋	A	12	60
005	＋	＋	C	＋	＋	B	＋		A	A	12	60
009	＋	C	A	A	B	＋	＋		A	＋	12	60
006	＋	A	C	＋	＋	＋	A		A	A	11	55
〃											〃	
〃								～			〃	
〃											〃	
〃											〃	
〃											〃	
〃											〃	
正答人数	32	30	22	21	20	18	18		16	6		

此整理表作为试题分析的一个基础。

首先进行试题分析，从以下四点着手。

（1）众数点。众数点是指被选项数的最高点。

如：第 1 题的选项众数点在正确项上，选答数为 17；第 20 题的选项众数点在 A 上，选答数是 24。众数点如果集中在错误项上，没有集中在正确项上，说明该试题本身存在问题（如语意不清，使用了产生错觉的语句，或语句过于复杂不易理解等）或学生对此题根本没理解掌握。众数点如果分散，即各误答项和正答项的选答数接近，说明学生对此题没理解，推测性回答率过高，或试题本身区别性太少。

（2）正答率。正答率是检验试题难易度的指数。正答率过高（超过 80% 以上）或过低（低于 20%），说明该题过易（几乎每人都能做）或过难（连最低推测率 20% 都没超过），本题就应该取消。

（3）第二高峰点。第二高峰点是指除众数点外还存在一个与众数点十分接近的选项点。比如：第 1 题的第一众数点是正确项（17 人次），第二高峰点是 C（12 人次），第 8 题的众数点是 C（18 人次），第二高峰点是 A（16 人次）。但像第 2 题众数点是 C（21 人次），接近它的是 D，才 7 人次，就不能叫第二高峰点。第二高峰点的存在说明学生在判断、理解上存在问题，应调整教学。

（4）零点和满点。满点就是指考生基本全选正项，这个选项过易，没有存在的意义。零点是指几个选项中，正确选项被选率是零。比如：第 1 题的 A 项、第 3 题 A、B 项。选项存在一个零点为正常，出现两个以上零点说明过易。一看就知正误的选项应取消。在一组 5 个选项中，一般要求有 2 个比较难，2 个居中，1 个比较易，如果出现 2 个比较容易，这种选项的存在就会降低试题的信度。

其次，进行原因分析。

根据试题分析发现的问题进行原因的分析。原因分析需要从以下三个方面进行。

（1）确定问题领域。按照出题设计方案，找出问题存在的领域。

比如：是小数，还是分数；是词性，还是词意方面存在的问题多。

（2）问题性质。按照教学目标，找出问题在各领域中的性质，是基础知识问题，还是理解问题，或是实际运用知识能力问题。分析时也可用图表进行。

（3）原因分析。根据以上确定的问题领域及性质进行原因分析。是教学方法问题，还是学习方法问题；是教材问题，还是教员问题；是理论问题，还是缺少实验；是教学时数不足，还是教学重点难点忽略了；是忽略了学生学习的特点，还是没有发现学生学习时思考的特点及理解上的难点所在等等。根据问题原因分析提出具体改进意见。

问题分析与改进意见的提出一定要具体，并同分析结果一起保存起来，几年后就是一部经验汇编，对于提高教学质量具有实际指导意义。

全部分析可以用表格进行，如下表。

问 题		原 因	改进意见及措施
领域	性质		

3. 学生考试成绩分析

学生成绩分析是考试结果分析的一个不可忽略的重要方面。一般从以下几个方面进行。

第一，单科水平分析。

学生在本次考试中的位置（名次），与前几次考试相比是进步了还是退步了，通过标准分计算来确定。

第二，总体水平分析。

学生各科总分及平均分在班级中的位置，通过计算可得出结论。

各科发展平衡的情况可用星座图来表示。如：一个学生语文90分，数学80分，外语60分，图画75分，音乐50分，体育50分，制成星座图如下：

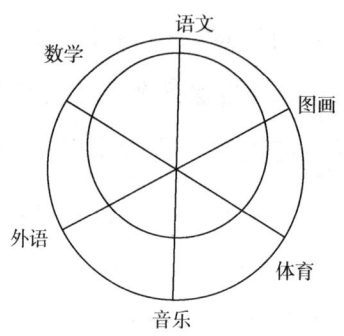

星座的性质：①图形圆越大成绩越好，图形圆越小成绩越差；②图形圆成规正型，证明各科发展平衡，不规正说明偏科。如：上图说明该同学总分水平中上等，但偏科。

通过星座图进行分析学生考试成绩比较明了，一看就能掌握大致情况。在有计算机采分的条件下，星座图能由计算机同时打印出来；没有计算机的情况下，可在成绩通知单上印上星座图，由老师标上图形后，供师生分析使用。

第三，存在问题分析。根据试题解答结果统计表和试题解答结果的分析，对每个考生分别从问题存在领域及性质思维特点等方面进行分析，然后提出指导意见。比如：甲同学经常忽略基本概念，今后要加强基本概念的掌握；乙同学在应用所学知识方面缺少灵活性，今后应加强应用方面练习等等。

考试结果分析最好培养学生自己独立进行，以发展学生自我评价能力。

第三节　考试结果应用

结果分析之后一定要发挥其作用，一是运用到考试试题改进上，使其成为考试方面的反馈信息；一是应用到教学过程中，作为教学过程的反馈信息，以调整教学速度、结构和方法。

第七章 考试与评价

第一节 评价活动意义

1. 超越考试方法的局限性

考试已深深地浸透到学校教育中，成为教学过程重要一环。同时考试也受到越来越多的教师的批评。一些教师认为通过笔和纸来考试，也就是说依靠填空、画圈，猜谜似的选择正确答案，或写上片言之语就来评定学生成绩是极不严肃的；这种考试方法只不过是按成绩对学生进行排队的简单工具而已，它忽略了学生社会性其他方面的发展，给教育上造成严重后患是不可估量的；考试方法使学生养成反射性思维习惯和直觉操作思维，而不愿意深入推导问题，它只能考记忆性东西，无法检测出学生逻辑推理、批判思维、创造性思维等高层次能力。那么，取消考试行不行，实践证明也是根本办不到的。我们只有利用考试，并超越考试的局限性，才能发挥考试对学生、教学评定、反馈的作用。

2. 现代评价观

现代评价观认为传统的考试是一元评定，它不能全面、综合地反映一个学生的发展程度，从学生全面发展观来看考试，应该实行多元评价方法，这样才更合理、更富有教育性。因此，各国在进行课程改革同时，积极开展学校考试改革。

美国教育学者桑德（Sand·O）在1970年提出学校考试改革的趋势，反映了一二十年世界范围内，学校考试改革的情况：

(1) 从惩罚性考试，转向激发学生不断成长与学习的评价。

(2) 从笔试，转向在以观察为重点的同时，又能利用多种方法的评价。

(3) 从记忆中心的考试，转向以创造性和问题意识为重点的评价。

(4) 从课程结束时进行考试，转向连续的、合作的评价。

(5) 从仅就知识记忆的考试，转向对认知、情感、技能等各种能力广泛的评价。

(6) 从教师单独考试，转向师生共同参与的评价。[①]

上述发展情况表明，学校考试已从无评价思想（无考试）经一元评价思想（仅依靠学生考试）向多元评价思想转变。这一转变是教育思想变革的一大飞跃，它标志学校教育开始由教学职能向教育职能的发展，使学校教育从形式主义、教条主义中脱离开，学校教育活动能够生动活泼地开展。

3. 评价活动的意义

人类一切有意识的活动都是有目标性的，并不断修定的过程。所谓评价则是从目标出发，对现实状态的某种判断。评价也是个过程，通过评价进行反馈，修正人的行动，并调整目标。（见下页图）

---

① 《教育评价》[日]，梶田叡一著，第38页，吉林教育出版社，1988年版。

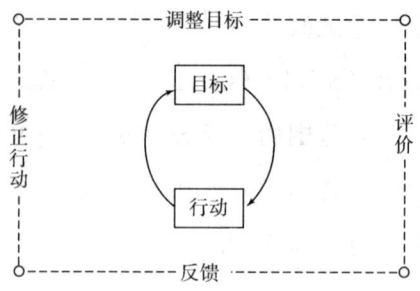

评价有不同的目标或标准，以学校教育为例，有升学率、升重点大学率，成绩、全面发展，教育投资率、教师学历结构、教师年龄结构、会考合格率等。可见，评价可以是多方面的、多角度的，这就是评价的主要特点或意义之所在。

第二节 考试与评价

评价的观点比较先进，那么是不是可以取消学校考试呢，或是只用考试而不从评价观点出发评定学生。这里有个如何处理好考试与评价的关系问题。

1. 考试与评价的区别

第一，考试的着眼点是学生学习成绩，目的是对学生学习结果加以数量化，以便排队。考试只是测量的工具，因此，考试十分注意标准化，客观性等要求。评价则着眼于学生包括学习成绩在内的各个方面，全面评定一个学生。因此，评价既重视考试客观性，又重视主观性的评定。

第二，考试是用一元尺度去衡量学生，它所反应的是学生个人差别。评价是用多元尺度去评定学生，它所反映的是学生个性差异。个人差别是线性差别，即排队的先后差别，而个性差别是类型差别，即某一方面优秀，某一方面低下。

第三，考试重视结果，而评价更重视过程，重视学习过程中的每一个目标并及时反馈，以调整教学活动。

第四，考试强调的是学生成绩间的差异，即只重视现在。评价则注意学生过去努力程度、能力、学习动机，并从发展观点看待学生。

2. 考试与评价的关系

考试与评价是既有区别又有联系，二者关系极为密切。

首先，评价离不开考试，要评价就要有可靠资料和数据，离开考试的数据，评价就成为无源之水。

其次，考试有其局限性，因为考试不能对所有内容进行量化，只有通过评价才能全面、发展地反映学生的情况。

再次，单纯的考试只能反映学生学习成绩情况，评价性的考试不仅能反映学生学习成绩，而且还可用于教学过程调节或本身作为教学方法应用，因此，后者意义更大。

可见，单纯运用考试局限性十分大，不用考试评价也无法进行，应该正确地把考试与评价结合在一起，才能真正发挥考试在评价学生发展中的功能。

第三节　教学和考试的评估形式

考试的形式是由各种题型组成的试卷，而教学的评估形式可以多种多样。有些教学单位为了对学生进行适应性训练，将校内评估的形式尽量往考试形式上靠，这样有百害而无一利。其一是用单一的形式取代丰富、生动、活泼的形式，难以取得合理的信息反馈，对教学造成损失。其二是学生难以接受，产生厌烦心理，达不到训练目的。其三是容易形成思维定式，一旦考试的形式发生变化，学生便不知所措。看来，似有必要对考试的形式进行再认识，以便于和教学的评估进行比较，充分发挥这两种形式的功能。合理、有效的考试形式应具备这样两个条件：

（1）试卷的整体形式包容性要强，它应涵盖各种评估形式的功能，这里主要是涉及题型的问题。从评估的要求来说，题型的设计要实现对知识广度和深度、反应程度、迁移程度、表达程度等方面的评估要求。另外，题型的设计要能够体现考查内容的需要。如：历史学科的题型变化走了一条由简到繁，再由繁到简的道路。最初的简单题型显然反映了对考查功能认识的简单。后来，题型骤然增加，几乎囊括了所有题型。近几年，题型又有简约的趋势，这个"简"完全不同于最初的简单，它反映了对题型功能的深入认识。"简"的认识条件是知识面的覆盖程度无须和题型的种类成正比，少量题型能够覆盖大知识面；凡一种题型的考查功能完全可以被另外一种题型所包含的情况下，那么这一题型就没有存在的必要；题型的取舍要视其在多大程度上能够实现能力考查的要求；题型应为考生所接受。

（2）试卷的形式可塑性要强。可塑性是指在容纳考试内容的空间、时间上面具有一定的弹性。现在的试卷分为选择题和非选择题两种，这是多种因素造成的，其中主要原因是大规模考试控制评分误差的需要。其实，最理想的模式应该是以非选择题为主，以动笔的题目为主。这样，命题不但可以融合各种知识内容，考试的时间也基本上能够掌握在考生手中。同时，考试也会有效避免考记忆、考速度、考平常的模拟训练。根据目前的试卷形式，可以做到的是选择题在考能力的前提下尽量简约、平实、提高综合性；非选择题要在设计上实行少设问、设问质量高、减少速度要求、提高思考要求、减少单一标准、增加多项标准等。综上所述，可以看出，考试评估的形式要考虑到考试的性质、评分的操作、社会环境等多方面的因素，它和教学评估是两个不同的事物，它们之间有关系，但不能相互取代。

第四节　对待应试的两种现实主义态度

考试恐怕是躲不开的。用考试的办法选拔人才有很多弊端，然而用别的办法弊端会更多。至今尚未找到更公正、更有效、更合理的选拔人才方法。在可预见的将来，考试是难以回避的；不管怎么反对应试教育，考试总还是要有的。素质是软性的，分数是硬指标。不能单纯以考分高低判断教育成果，但是如果自称搞的是素质教育而学生成绩不能提高，家长是通不过的。所以，任何一个教育者，只要不是空谈家，只要有责任心，就必须对应试采取现实主义的态度。

然而现实主义不止一种，现实主义是有高低文野之分的。正是在这里，我们看出了素质教育与应试教育的区别。

这样说太抽象了，打个比方，教师不是被人们誉为园丁吗？我们就用种果树来打比方。

甲、乙两位园丁分别承包了两片果园。园丁甲承包 10 年，园丁乙承包 100 年。园丁甲大干快上，不改良品种，不改良土壤，狂用化肥，猛施生长素，数年之内，产量剧增。不但大把挣钱，而且被誉为果树大王。然而，果树专家却指出，该承包区土壤正走向板结，水果的品种也在退化，口味一年不如一年。园丁甲并不着急，因为他知道，等问题严重的时候，他的承包合同也到期了。园丁乙就大不相同。他也施化肥，也用生长素，适可而止。他注重施有机肥，注重品种改良，注重技术改造，自己还学习大学的果树课程。结果在数年之内，他的果园产量可观，经济效益也很好，只是没有园丁甲那么"火"。园丁乙也不着急，因为他知道自己不会再活 100 年，现在要为子孙打好基础。

两位都是现实主义者，却有高低文野之分。

应试教育者就像园丁甲，素质教育者就像园丁乙。十年树木，百年树人。应试教育者在树"木",素质教育者才是在树"人"。

这样说似乎太远了,教书毕竟不是种树,教师也不同于农民兄弟。还得再现实主义一点,说到学校里面来。

小学一年级数学考试中有一道看图题,上面画着一些火柴,共分4份。前3份每份都有若干根火柴,第4份只画着1根火柴。问题是:"图上共有几堆火柴?"标准答案是:"4堆。"同学也都是这么答的。有一个小男孩却答道:"3堆+1根。"他认为1根不算"堆"。

教师甲给这道题判错,理由是:"从小就要训练孩子按标准答案答题,不然将来考不上好学校。"这当然是一种现实主义的态度。

教师乙判对,理由是:"题目有缺点。孩子思维严密,难能可贵。"这也是一种现实主义态度,只不过侧重点是在思维能力上。从长远来看,对提高考试分数的好处更大。

两种现实主义,自有高低文野之分。

再举一个例子。有一个二年级小学生,数学课无论作业还是考试,都不爱用草稿纸,即使是大数的运算,他也用心算。心算的准确率当然不如写出来,所以他考试很少得100分,总是差那么几分。

对这个问题也有两种态度。教师甲气愤地指责:"你能得100分为什么不得?太懒!以后必须用草稿纸写,听见了没有?"

教师乙说:"你的心算能力真强。希望你注意力再集中一点,尽量少出错。也可以这样,你平时作业用心算,考试的时候,没有把握的题写出来。能得100分,为什么不得呢?"

两位教师都是现实主义者,都希望孩子得100分。但教师甲是以牺牲孩子的优点为代价提高分数,而教师乙却是主要靠发扬孩子优点的办法提高孩子的分数。多用心算效率高,年级越高越明显。从"可持续发展"的角度看,显然教师乙的方法优于教师甲。

两种现实主义，一种是单纯应试型的，一种是素质教育型的。

再举个中学的例子。面临中考，两位语文老师都在帮学生准备作文，让学生写一些文章，筛选后，反复修改后背下来。到时候学生根据题目灵活运用，这叫作"带着作文进考场"。经验证明，是应考的一种窍门。两位教师都这样做。然而，教师甲平时并不重视作文，一个学期做不了两三次，只是拼命让学生做练习题；教师乙平时按量让学生写作文，考试前虽然也让学生背作文，却对学生说："这不是学习写作的正经路子，只是一种提高考试成绩的权宜之计。真正提高写作水平，还是要靠多读书多写文章。"

这两位教师在教学上只不过是短暂的同路人。他们只是在面临考试的一个短时间内采取了相似的做法，其实指导思想并不相同。本来他们就不是走在一条路上，再往前走一点，他们又会分道扬镳。搞素质教育的教师有时为了迅速提高成绩，也会做一些他们自己并不赞成的事，这是一种操作层面上的让步，但他们一定会向学生讲清是非，避免谬论流传。搞单纯应试教育的教师则站不了这么高，在他们眼里，考前背作文，"本来就是这么一回事"，不是临时措施。

他们都很现实，都在抓分，但显然也有高低文野之分。

可见"素质教育，应试教育无区别"论是不对的。有人就这样说："什么素质教育，应试教育，不都得考试吗？我看不出哪是素质教育，哪是应试教育，我就认得分。"这种人显然是走在应试教育的路途上。如果他站得再高一点，眼前就不会是应试教育的一统天下了。

要区别素质教育和应试教育，空讲道理是不行的。在评价具体的教育行为时，要特别重视教育的过程，不要光看结果。因为素质教育和应试教育的区别，在过程中比在结果中表现得更清楚。

第五节　新课程高中语文教学与考试评价面临问题分析

（一）教学的调整

1. 教学观念

语文的学习发展由外因主导向内因生成转变，外因引导为个体内因的知识、能力结构生成与发展服务。更强调学习的概念，强调个体知识结构的生成和能力的发展与人的社会化相一致。

教学由教师中心向学生中心转变，围绕促进学生的发展展开。其主张有西方发展心理学、结构主义和人本主义的理论支持。其潜台词包含着为未来社会培养具有民主意识、公民权利和创造能力的人的价值追求。

2. 教学行为

传统教师主导的讲读教学（教师主讲，传授知识、训练能力）转化为教师引导、学生自主学习的方式，在此过程中生成属于个体的语言知识和能力，并从学习的内容中获得社会文化的内涵，促成人格的发展，使人逐步融入社会。

3. 教学方式

在提升教学质量的前提下，强调多元的教学方法，强调选择教学的最佳角度，以便以点带面，深入浅出。课堂教学强调讨论、研究，教学结构强调模块化教学，强调教师集体备课，优化教学方式。

4. 必修课与选修课的关系处理

必修课很好地沿袭了老教材的内容体例，具有守正特点，教学上宜精讲，时间上争取在高二年级上学期全部结束。选修课宜参照新高考的要求来定夺，强化运用语言的能力与知识的拓展。

（二）教学与考试评价的调整

学业水平考试和高考是教学不容回避的问题。在实施新课程的一系列操作过程中，教师当明确一切教学活动的重心和主线，都应统一到高考的知识和能力要求之中，教师应当清楚，高考的知识结构和能力要求是教学组织的出发点。只有明确了这样一个主次关系，教师理解课程标准、教科书和考试的一致性，才能化解教学与考试的矛盾，从而达到教学与考试高度统一。

关于考试的要求，需要掌握以下内容：

第一，掌握学业水平考试的试卷结构与考试内容要求，明确各个考点的分布与相应的考查方式。

试卷结构特点：与非课改高考试卷结构总体一致，区别在作文部分增加应用文写作。应用文写作相对薄弱，宜加强知识的掌握与能力的训练。

第二，掌握全国高考课标卷的结构特点、考试要求、考点分布、文本特点。明确课标卷对非课标卷的继承与发展，在对比异同的过程中牢记课标卷的结构模型，最好具体到每一考点。

（三）教学策略的调整

教学方式调整和两个考试的问题，将对教师的教学带来较大影响。从而引出教学的策略问题。

1．教学组织

方案 1：新课程→学业水平考试→高考

方案 2：高考→学业水平考试→新课程

选择方案 1 或方案 2，会有不同的教学策略和方式。大多数学校通常选择方案 2 为主基调，适当照顾新课程的一些做法。

全省一级一等高中考虑方案 1 的比较多。学校经费、师资、生源条件较好，方案 1 对学生的发展和兴趣爱好比较有利。

2. 教材使用

（1）整体把握高中三年的教材内容，对照高考的要求，梳理出教学的重点、难点，明确高中三年要达到的教学目标，将这些目标细化成各种能力层级，贯穿在三年的教学之中。

（2）教材的重难点及取舍。

以高考知识结构和能力层级要求为主线梳理教材，自主取舍教材。在文本教学过程中适当加入系统化的语文基础知识学习，以帮助学生建立完整的语文概念。对于一些篇幅较长、内容单薄、老化的文本，当降级为自读内容，腾出空间给新增加的内容。

（3）考试文本的介入。

研究典型的考试文本。准确理解考试文本的内容、结构、语言表达特点。能够分清考试文本与教科书文本的异同关系。建议在教学过程中增加精读考试文本的教学内容，将全国高考试卷中的经典考试文本选出来作为教学内容，使学生及早熟悉、适应考试文本。

3. 教学问题

（1）渗透高考精神和要求，突出知识主线。

梳理高中三年教学的主线。鉴于教材文本的混编结构，各相应文体在三年教学中交替出现，其层次性、连贯性以及核心知识内涵需要在教学的进程中不断回顾与整理，力求在三年的教学中，让学生建构出一个边界清楚、结构完整、内容丰富的知识结构图，为语文学习打下坚实基础。

（2）形成与知识相对应的基本能力。

第一，运用基本知识的能力。比如：辨析多音多义字的能力，正确使用成语的能力，辨析修改病句的能力、语言组合的能力等等。

第二，文本解读能力。各种文体文本的解读能力，涉及文体知识、文体功用、问题的思维与表达以及相对应的解读方法。

从思维与表达入手破解阅读屏障。分清形象思维、抽象思维及其相应表达方式，明确说明文本的思维程序和说明方法，能够提取、整合和分析归纳重要信息。

考试文本的解读。该类文本的特点：字数有明确限定，结构层次清晰，主题明确，语言规范典雅，富于哲理，文质兼美等等。

第三，表达与交流的能力（写作）。

破题—立意。化难为简，明确主旨。一语道破、开门见山、以点带面。

承写—引申。（联想）发挥。逻辑性、条理性，能自成其理、自圆其说，文从字顺。或对比、辩证，或抒情、说明。

点题—收束。概括提升，拓展切时、反省警示等等。

第八章 复习与考试

第一节 试题解答方法指导

考试方法的改革给应试的考生也会带来一些解题方法困惑,因此,教师在改革考试方法同时,也应相应地指导学生解答试题的方法。

1. 客观试题解答方法

第一,多项选择题。多项选择试题特征及回答方法。

(1) 选择题由两部分组成,一部分叫题干,另一部分叫选项。题干可以是文章的一段,也可以是一句陈述句或疑问句。选项也就是备选答案,备选答案(选项)一般是4~6个,标准为4个。

(2) 在选项部分中一般设有1~2个明显错误选项,2~3个相近、迷惑性、拟真度较大的选项。要求考生以最快速度排除明显错误选项,集中思考相近的选项。从机率的角度来讲,如果排除了4个选项中的2个,正确率也随之从25%上升为50%。

例如:通货膨胀的原因是( )。

A. 由于商品生产的供不应求以及物价的上涨,纸币贬值

B. 由于商品生产供过于求,必须大量发行纸币

C. 由于纸币的发行量大大超过了流通中需要的金属货币量

D. 由于纸币发行量大,能满足流通中需要的金属货币量

这个试题,一看便知 B 和 D 与所求的问题是完全不相符,可以迅

速排除掉，集中精力思考 A 和 C，C 是最根本的原因，最后断定通货膨胀的原因是 C。

（3）选择题种类多，要求也复杂。因此，首先一定要读懂答题要求，这是答好题的关键。很多考生就是由于没弄好答题要求而选错了。答题的要求多种多样。如：

从下面答案中选出一个填入空格（要求只选一个最佳答案）；

从下面答案中，选出一个与课文意思相反的，用符号标入空格内（要求选一个相异的）；

从下面答案中选出正确的填入空格（凡正确的都选，无数量限制）。

答题要求也很复杂，如：

从以下答案中选出一个合适的，另用符号填入空格中（要求将该题符号填入空格中即可）；

从下面答案中选出正确的，另用"○"号标上（要求在正确答案的符号上都画上"○"）；

从下面答案中选出一个，用铅笔在答卷纸上将相应的题号涂上（要求用铅笔在答卷相应题号位置上涂上，以便计算机阅卷）。

还有一些更为复杂的试题，考生更应该注意。如：

阅读下文①～⑤中的 A、B 题之后，按下列要求回答。

回答要求：A、B 都正确时，涂①；

A 正确，B 错误时，涂②；

A 错误，B 正确时，涂③；

A、B 都错误时，涂④。

这是一道判断题，答题时要求用不同号代替不同的判断。在这种情况下，考生一定要看懂要求再答题。

（4）阅读试题也很重要，阅读重点在题干，题干没搞清，就无法判断。一般选择题的文字都比较长，选项的文字比较短，因此要注意读懂题干，判断重点在选项，选项中都有关键性词语，要抓住关键性词语进行判断。

（5）在回答有内在逻辑关系的选项时，可以利用其内在的逻辑排他性来确定选择的方法。一般利用这种方法是有限的。

如：中华人民共和国全国人民代表大会是（　　）。

①最高国家行政机关

②最高国家权力机关

③最高国家审判机关

此题一看便知③为错，人民代表大会不是审判机关，而"权力机关"又大于"行政机关"，所以②为正确。

又如：下列各题中有三个答案，其中只有一个是正确的，请选出来。

我国公民（　　）。

①享有权利，就不能履行义务

②履行义务，就不能享有权利

③享有权利同时必须履行义务

此题已指明只有一个正确的选择，逻辑推理①和②是误解，③为正确。

第二，简答法。简答法也是一般考试中常出现的一种试题形式。回答时要注意解答要求，按要求答即可。

第三，完成法。完成法是用于考查科学定义，基础知识的一种试题形式回答方法。

回答方法一种是自由完成，即根据题目内容自由填写答案，一种是选择性完成，在已提供的多种答案中选择应选的。

一道完成法试题内不会有多处空格，过多会影响考生对全题理析，使考生无从下手。但是，如果遇到有多处空格试题时，可先答题头和题尾两处空格。一般，只有将试题的主语部分（如：头部和尾部）答出来，其他空格的问题就能迎刃而解了。

例如：中华人民共和国最高权力机关是 a；最高国家行政机关是 b；最高国家审判机关是 c；最高国家法律监督机关是 d。

①最高人民检察院

②最高人民法院

③中央人民政府

④全国人民代表大会

⑤中央纪律检查委员会

完成此种多空选择试题时，可选择容易的填，再思考难的。c 空一看便知应填②，审判机关当然是法院了。a 和 b 应该是③和④，其中中央人民政府是行政机关，所以 b 空应填③，a 空肯定是④了；那么 d 空应填①还是⑤，仔细分析一下 d 空是指国家法律监督机关，而不是党的纪律检察机关，应填①为正确。这样一步一步完成了试题。

选择完成法的空格处多出现了一段文章的某一关键词。回答这种形式的试题时，不要急于回答，可先通览一遍全文，做完其他易答的问题，再回头来选择合适的词。这种问题答错，大多是由于对全文没有充分理解而造成的。

第四，改错法。改错法是用于考查学生基础知识掌握牢固程度的一种试题形式。一般很难做推测性回答，以考查学生的判断能力为目的。

回答改错法试题的方法：

（1）改错法试题一般多是在题中基础知识部分，基本技能点上做文章，不会在关键性词句上出现，因为这样会被学生一下看出来。所以，回答时应在基础知识部分多加注意。

（2）改错法试题中一般只能有一个误点，特殊情况会有两个，绝不会再多。误点太多会影响学生对整个试题的正确理解。所以，抓住主要的一个就行，不要一看都好像错，改起来没头，反倒改错了，防止倾向心理的反作用。

第五，正误法。正误法与改错法相似，是以考查判断力为主的试题形式，只不过改错法需要改，而正误法不需改。

回答正误法试题的方法：

（1）回答正误法试题不用像改错法那样担心会改错了，只要判断出一个误点即可判为误题，因此比较简单，一般判断题就1个误点，最多2个，太多会起干扰作用，加重学生心理负担。而这一个误点，又大都出现在基本知识中易混淆、易误解或常识性知识部分上。要把解题的注意力放在这些部分上。

（2）在判断句中如出现"经常""绝对"等绝对性限定词句子，一般都可能是误句，而使用"只有""有时""恐怕"一类相对性限定词句子，一般都可能是正确句。

（3）还有一些正误判断题是以某一原理为基础，要求学生依据这个原理来进行判断。这时学生首先应思考一下，此题要考的基本理论是什么，之后再进行判断。如：

一般说来，阳光、空气不是商品，但在一些国家中，由于大气污染，新鲜空气也可装在特别的容器中出售。空气之所以成为商品，根本原因是（　　）。

A．能满足人们对新鲜空气的需要

B．人们不能随意从自然界得到新鲜而未被污染的空气

C．出现了销售新鲜空气的商贩

很多人如果不注意，就容易判断 B 为正确，另两个是错误。其实该题之解全错。答题时，先应抓住此题要考的原理是什么。显然此题是考商品概念的理论，依据商品的理论去衡量各选项，会发现哪个选项也不全具备商品的原理，即商品能满足人们的需要，具备一定的价值而成为可交换的劳动产品。

第六，组合法。组合法是两组中有联系的项目结合在一起的考试形式。

组合法试题解答方法：

（1）组合法试题解答方法不同，有画线连接法，有符号记入法，有选出已组成的正确选项组的选择法。

（2）一般组合法试题两组选项数量不等，这种情况下，应先选会答的答，速度要快，剩下的再仔细思考。不要一项一项对照，那样太浪费时间。

（3）要注意同类性质的选项组合，不要无标准地组合。

第七，排列法。排列法是考查理解事物关系的试题形式，以考查组织力，规划和理解能力为重点。

排列法试题解答方法：

（1）排列法试题答错率较高，原因是在几个选项中，只要有一项没排正确，该题全错，因此要仔细思考。答题时首先要搞清本题考的中心内容是什么，即是确定数的大小，还是时间先后，或是过程先后，然后再进行答题。

（2）解答应把两头选项确定出来，再找出容易连接的选项，最后仔细推敲剩下的选项，这样可提高正答率。一个有 6 个选项的题，其排列方法可以有 720 个，正解仅 1 个而误解有 719 个。如果找出两头，就等于剩下 4 个选项，其可排列方式有 24 个，误解率一下子下降为 23

个，正解为1个。再找出1个较容易的选项连接上，就只剩下3个选项了，这时正解率和误解率为1∶5，所以，一定要找出简单的选项先排列上，以降低误答率，再仔细分析余下的选项。

（3）选项数决定排列方式成几何倍数增长，在考试中为节约考生排列的时间，大多采取排列选择法，即只提出4～5个排列方式供选择。这种情况下，如采用上述方法会大大提高正答率。

2. 怎样答论述式试题

论述式试题是要求学生自己写出答案，考查学生思维、组织、运用知识能力。应注意以下几个问题。

第一，认真阅读题目。

第二，抓住重要词、字，以掌握答题方向。

第三，开始思考时，可随意在草纸上写下你认为与答题有关的论点和词、句。

第四，将写在草纸上的论点分类整理，形成一个写作提纲。

第五，写答案。每个观点为一段，先列出观点，然后加以说明，列举材料证明观点。

第六，复查一遍，看是否有遗漏，错处。

第七，最后反问一下，自己写的答案是否回答了问题。

第二节　考试"误区"分析与指导

标准化考试中有一些是最容易犯的错误，我们叫它为"误区"。考试中，特别是考试的误区有以下几个，考生在考试中应该引起高度重视。

1. **填错格**

标准化考试是实行试卷和答卷分开方法。答卷上只有题号（1～8）和选项号（A～E）。回答时，要求将正确答案相对应的选项号用铅笔（2B型铅笔）涂抹上。由于答卷纸上的选项号高密度地排列着，所以稍有疏忽就会填错格，本来会的题却丢了分。因考试技术问题而丢分，实在不值得。如果是填错了行，就会引起各题全错，待到最后发现时，再改已经来不及了。上述情况，是在标准化考试中发生率最高的错误，必须引起注意。

解决的办法很多，这里介绍一种供参考。在回答问题时可先将答案号写在纸上，如：3题A、4题C、5题E等，再认真找到相应的答题号，轻轻涂上。可以短时复核填写是否正确。

2. **涂抹不正规**

在答卷时，同学们好犯一种错误就是不符合要求的错误。一是，涂错修改后没擦净。有的同学涂完后发现错了，用橡皮擦掉，又没认真擦，留下很重的痕迹，或用力过猛把纸擦破，这样造成了阅卷机理解错误，把擦掉的（留有很重的铅迹）和擦破的（留有黑洞）当成答案信号，结果此题为错误。二是，涂抹太轻、太小，阅卷机没发现答案信号，按无解处理。

标准化考试一般采用机器阅卷、合分，机器的精度、性能是有差异的。有的机器有辨别装置、对轻、重信号能辨别，找出其中一个重的信号为答案，有的机器没有此装置。有的机器很灵敏，对轻微信号也能抓住，而有的机器不大灵敏，铅笔涂轻了就收不到信号。因此，考生在做答案时，一定要小心。第一，涂抹答案时，可先轻轻划一下，待最后检查完毕，再用力认真涂好。尽可能减少用力用橡皮抹的现象，保持答卷干净整洁。第二，涂抹格子时要按要求认真涂，将格子涂满，又不要涂到外面去。宁可多画两笔，多用3、5秒钟，把麻烦留给自己，把方便留给机器，不要多省3、5秒钟，把方便留给自己，把麻烦推给机器。因为机器一旦识别错了，会给自己带来很严重的后果。

3. 审错题

审题有两大要点，一是审题意，搞清问题内容是什么，二是审解答要求，即搞明答题要求是什么。前者一般不会出大问题，会就是会，不会就是不会。而问题往往会发生在后者，由于急于答题，忽视了解答要求，结果没按要求解答，判为错答。这种情况的丢分实在不值得。为防止上述情况发生，应该熟悉解答用语，这样临场才能不乱。下面分别介绍一些解答用语及回答要求。

客观试题指示用语：

第一，"请从下面四个选项中，选出一个正确的结论……"。此题四个选项，其中三个是错误的，一个是正确的，将正确的一个选出来。

第二，"选出正确的答案，填入空格中"。此题未做选出数量的限制，只要正确都可以选。

第三，"请从下面①—④中选择出一个错误答案……"。此题四个选项中，三个是正确的，一个是错误的。这种题选择的要点是，按照只要选项中有一处错误，该选项就错的原则来选。考生要进行推理判断。

第四，"请从下边四个答案中，选择可填入相应空白处的最佳答案"。此题选择要点是最佳二字，也就是这四个选项有可能都正确，但全面程度不同，要求选择一个最全面、最完整、最佳的一个选项。考生要对选项进行比较。

第五,"请从下面的①—⑥中选择出一个最接近的数值"。此题选择要点是最接近的数值,即把与你演算结果最接近的数值选出来。

第六,"请选出一个搭配恰当的一项"。此题是组合性选择题,要求选出一个正确的组合选项来。

第七,"请从下面的选择中选出用得不得当的一项"。此题要求选择解释正文不完整,不全面或错误的选项。是以考查考生理解力为目的的试题,解答关键在于一定要先仔细阅读试题和每个选项,在理解的基础上做答。

第八,"请从下面的题中选出一个最不适当的一项"。此题要求在各不适当的选项中选出一个最不适当的。

第九,"从下面①—⑥中选出2个选项,填入(16)和(17),顺序不限"。此题要求选2个选项,而不是1个,这与上述试题理解不同,另外题号与答号又不一致,因此解答时要格外注意。

第十,"以下四个国际组织中,属于发展中国家的组织的涂[A]格,属于发达国家的组织的,请涂[B]格。

(12)石油输出国

(13)国际能源组织

(14)联合国贸易和发展会议

(15)经济合作与发展组织"

此种特点,一是一个题有四个答题号,不像一般试题那样一题一个答题号;二是非A即B的解答方法,对每选项都要进行判断。解答时注意上两个特点就可以了,如(12)选项,应在(12)号中涂上[A];(15)号选项,应在(15)号中涂[B]等。

第十一,"阅读(14)—(18)题中的a句和b句,之后按下列指示回答。

a、b都正确，涂［A］；

a正确、b错误，涂［B］；

a错误、b正确，涂［C］；

a、b都错误，涂［D］。"

第十二，"下面（17）—（20）是说明资本主义再生产的特征是扩大再生产的原因，正确的涂［A］，错误的涂［B］。

(1) 不扩大再生产，社会就不能发展。(17)

(2) 技术进步的客观要求。(18)

(3) 资本家为了获得更多的剩余价值。(19)

(4) 资本家之间的激烈竞争。(20)"

此题是正误判断题，非［A］即［B］，(1)、(2) 题应在 (17)、(18) 中涂［B］，(3)、(4) 题应在 (19)、(20) 中涂［A］。

第十三，以上是符号选答法，试卷上已给了不同的答案，让考生选择，记入不同的符号栏。还有一种是数值解答法，它是试卷上不给答案，要求考生先演算，将结果在指定栏内涂上相应的数字的一种方法。这种方法主要用于数学和物理等学科，是世界标准化考试普遍应用的方法。

论述试题指示用语：

"比较——"，要求寻找事物之间的相似之处和不同之处。

"对比——"，要求将两事物进行对照，找出其区别。

"定义——"，写明概念的确切涵义，注意有些概念在不同场合下所含意思的变化。

"论述——"，以探讨、辩论的形式来进行的调查或研究，要表明赞成和反对的态度。

"评价——"，从某一角度或某一观点对某事物进行评说和估价。

其中一定程度上包含个人的意见。

"举例说明——",用图表、数字等资料进行解释或阐明,或用具体事例说明。

"阐述——",详细叙述、阐明观点、使之清楚明了。

"证明——",为所得出的结论或决定提出充分的根据。

"简述——",写出事物的主要特征和基本原理,省掉次要细节,突出结构和排列。

"叙述——",即讲叙、说明事物发展的脉络、勾画出事物的基本特征,以及事物间的相互联系。

"评论——",用辩证的观点,一分为二地对事物进行评述。

"概述——",对某事物的要点和本质做一简要的说明,省略掉细节和具体事例。

4. 无核对,而急于交卷

复核试卷是考试过程最重要的环节,有的考生处于"斗快"心理,抢先交卷,有的考生不知怎样检查试卷,大致看一遍就交卷了。结果由于笔下误,丢了一些不该丢的分。

答卷有误是正常现象,几乎大多数卷子都存在因马虎,粗心而误答的现象。在考场上,由于情绪紧张,复习准备过程而产生的动势,使考生思维速度加快,而思维广度受阻,阅读速度加快,而视广度变小,出现了马虎现象。因此,考生答完题要复核一遍试卷。

复核时应注意下列问题:

①是否理解题意,有无误解解题要求。

②内容是否正确,有无误选的问题。

③解答符号是否正确,有无涂错格式或涂错行问题。

④对难点反复推敲。

复核方法，为解决思维定势的影响，尽量不用正向阅读的方法，可采用以下复核方法：

①逆向法。先看答案，后看问题，看看答案是否能满足问题的要求。防止正向阅读中存在的思维定势的干扰。

②条件分析法，从解答条件来分析答案，看看答案是否符合多种条件。

③用写好的答案题号和符号与解答用纸一一对照。

5. 入"陷阱"

一些考生在遇到解不开的题时，不能暂时放弃，而是死盯住不放，这就是考试中的入"陷阱"现象。结果因为1—2分的题，延误了十几分钟，最后使本来能答好的题却反而没答好。

遇到这种情况时，可在试题前标上一个小记号，先不答。待全部答完后再回过头来研究一下。有时在答其他试题时，会突然想起来。

6. 忘记写名

试卷发下后，一定要注意先把试卷和分卷的解答用纸写上名字，不可拖到最后再写，那将往往会因忙乱而忘记，使你完全丧失掉得分机会。

第三节 考试心理指导

考场上许多学生往往由于怯场、恐惧、过于神经质、注意力分散等而影响考场发挥，造成成绩大大低于平时的后果。这些现象的原因就是应试心理的准备不足。那么，考试前应该做好哪些心理准备，怎样调整心理呢？

1. 临考前一天的准备

临考前的不安，会令人十分烦恼，而且会越想越慌，这是普遍现象，为了使这种不安情绪缓解下来，而不是加重，首先要为第二天考试做好全部准备，尽可能让自己安安心心地度过考试前夕。

试前的准备是否充分对临场的情绪状态和水平的发挥有重要的影响。试前准备包括心理知识的准备、物品的准备和掌握考试的有关事项准备等。

心理知识的准备，包括考试目的的把握、命题范围的分析、考试重点的领会、考前身心状态的调整等等。这些问题最好听从老师的指导，把知识的体系、结构、重点、难点等问题分析清楚。

物品的准备，包括考试时所需的学习用品和生活用具。用品要带足放好，做到信手可取，随时备用。应尽早检查考试所需物品，如果到晚上才发现还没准备什么文具恐怕已晚了。应提前一周写好"考试所需物品一览表"，考试前一天检查一下是否齐全。有些文具宁可多带些，也不要因突然不足而造成惊慌，"有备无患"。

掌握考试注意事项，主要指考前要熟悉考场环境，掌握考生须知，防止因找不到考场、因环境陌生而加重不安感。做好这些小事就可以减少因外界引起不安心理的因素。

2. 临考前心理调整

临考前考生情绪多半不稳定。其实压力亦非突如其来的，而是持续存在的。所不同的只是程度各异而已。有些考生临考前一周起就感到极度的恐惧，有些考生到考试前一天才有此感觉。有些考生因过度紧张而变得惊慌失措了,有些考生只是稍微有些压力而已。

这种情况应该靠增强自信心来抵消消极的压力。应先重视自己,信任自己,这样才会信任别人,尊重别人,所以自重与自信十分重要。考生应该认识到,人的一生难免会遇到一些挫折,这时只有肯定自己存在的价值,才能发挥自己的特长,而在逆境中开创新局面。另外,考取与否并不完全与自己实力成正比,其中还有许多其他一些偶然的因素存在。考试是公平的,分数面前人人平等,但以成绩取人的考试制度并非完全公平,这样我们又怎样要求它实现公平。所以只要能正确评估自己,正确对待考试,就能从容地对待考试了。

3. "猫头鹰"型人如何应付上午的考试

有些考生习惯于夜间用功学习,夜越深其精力越强。还有些考生出于争取时间,拼命熬夜,以至形成习惯。这两种情况,都使学生白天,特别是上午精力不佳。考试又都是在上午进行,不会在夜间举行。为了解决这一矛盾,必须事先进行人体生物钟调整工作。逐步改变生活习惯,以适应考试时间规律。

改变的方法是临考前两周就要开始矫正作息时间,坚持晚上9时30分睡觉,早晨6时起床。开始时可能怎么也睡不着,不过没关系,睡不着就看书,但第二天早6时铃一响一定起床。起床后头会昏昏沉沉,因为头天晚间没睡好。这时一定不可赖在床上,坚持起床,到附近公园、街道上跑跑步,边跑边背单词。一天过后,两天过后,你会慢慢适应了早起早睡的习惯了。临考前一周应按考试时间规律作息,早点起床、运动、吃饭,8时准时开始复习,上午中间休息20分钟。最好连考试科目都不变,按科目考试时间复习。这样经过一段适应训练,临场考试也不会有异常感觉了。

4. 考试神经质

大多数学生考前都有神经质现象，一听说考试了，一听说考试可能较难，或一进考场就心慌得厉害，哪怕别的考生考试用品准备的比自己多，别的考生比自己沉着都会加剧自己更加恐慌的心理，这些都是神经质的表现。

神经质表现一般是由强烈的竞争心理和凡事一定追求美满心理所至，也是过于谨慎的反映。人对自己珍视的东西，都会小心翼翼地照看，生怕损坏一点。可见，神经质大多是由于对考试过于重视，求胜心切所至。如果满不在乎，或根本不关心，当然就不会产生神经质。因此，考生在考试来临前（已做好了物质准备后），不妨把高考当做学校的一次普通考试，把学校期末考试当做一次小测验来对待，或者作为实力摸底考试，看看自己实力水平到底如何。这样反会有利于考生发挥自己的潜能。实际是在心理降低考试的作用，这样就会减弱你的神经质。但从更好地接受竞争挑战角度来说，有点神经质并非坏事，它可以使你保持一定的紧张度。

5. 怯场心理

怯场也叫晕场，考生在考试中由于过于紧张而出现面红耳赤、心慌、出汗、回忆和思维出现抑制，就是怯场表现。怯场心理往往使复习得很好的知识却不能发挥出来，造成知识实力与成绩不平衡。心理学上把因临场激动而造成的回忆、思维抑制的心理现象叫怯场。

发生怯场现象的原因有：①考场上发生意外事情，如突然发现一道大题由于审题错误而答错了，可是改正时间又来不及时，或发现有一两道自己从未见过的难题时；②平时学习基础差，缺乏信心，感到空虚，无法使自己平静下来；③过于神经质，把考试看得太重，所以一进考场就好似要挨刀，没等发卷，脉搏已加快，等一开考时出现心理抑制现象；④考前过于疲劳，睡眠不足，也能引起心理抑制现象，出现晕场；⑤家庭、学校方面压力太大，把考试认为是背水一战，这样稍微有一点儿出乎意料之事，也会引起恐惧心理。

产生恐惧心理因素一是缺少必要的心理准备，即出现意料之外的事情；二是缺乏必要的心理锻炼，对意外事件不能沉着应付。因此，平常应进行一定的适应性训练。

下面列举一些现象进行说明并给予解决方法：

(1) 突然慌乱

这种心理症状典型的表现是：心跳加速，呼吸频率加快，出汗或四肢颤抖。一般会发生在考试遇到难题，然后脑海里会突然联想到各种悲惨结局或者产生某些消极想法，于是大冒冷汗，全身发毛，突然慌乱。

第一种方法是全身放松。一旦出现慌乱的最初症状，最好先暂停作答，闭合双眼，轻轻地对自己说放松，重复6次，并注意体验全身松弛的感觉；也可以先全身绷紧10秒钟，然后突然放松，这样就可以比较有效地消除慌乱感觉。

第二种方法是深呼吸，放慢呼吸率。很多考生发现：当考试过程中碰到难题时呼吸就会加快而且变得特别短浅，容易忧虑并且感到慌乱。一旦发现了忧虑和慌乱的最初征兆就要特别注意调节呼吸。呼吸时做到绵长、缓慢、深沉，只要坚持有规律的呼吸一定会很快恢复到心理平衡状态，正常作答。

第三种方法是思路中断。一旦产生容易引起慌乱的想法，可以果断地对自己说停，同时握紧一下拳头，再重复命令自己一次，这样可以中断原来的思路,有个停顿的过程后要把注意力集中在没有任何威胁的比较容易的试题,并重新确立自信心,当情况好转后应迅速转入正常答题。

(2) 舌尖现象

很多人都有这样的体会,有时明明知道试题的答案,由于紧张,一时想不起来,可事后不假思索正确答案就会想到,这种现象在心理学上叫舌尖现象。遇到这种情况最好是把回忆搁置起来,去解答其他问题,等抑制过去后需要的知识经验往往会自然出现。考试时一时想不起某道试题的答案可以暂停回忆,转移一下注意,先解决其他题目,过一定的时间后,所需要的答案也就可以回忆起来了。

(3) 意外干扰

在应试者缺乏思维准备的情况下发生的一些事项、事件,会给应试者心理带来干扰,使其惊慌失措,心理紧张,影响正常思维。如:在门口附近就座的考生,易受到巡视考官的进出影响。对这些事情早有准备的话,所引发的心理冲击和注意分散作用可以减少到最低限度。

6. 克服考试恐惧症的方法

考试时心情紧张是在所难免的,有点紧张到有些益处,它可以使你处于作战状态,易于我们更好的实战发挥。但是过于紧张,以至出现恐惧,就会使头脑反映迟钝、进入抑制状态,这就是怯场的表现。不仅考试时会出现这种情况,上台表演时也有此种情况发生。

在发生怯场的恐惧时,人的控制力会减弱。你越让自己镇定,相反心跳越快,手越抖得厉害,记忆越空白。有的学生还会有头痛、反胃、晕眩等情况。可是当你一走出考场,心情稍微平静一下,上述情况就会好转,答案也想出来了。可见,怯场有碍于考生的发挥。

怎样克服恐惧感，预防怯场：

第一，准备充分。充分的准备会有助于缓和紧张的心情，加强自信心。如果只复习了70%或80%，肯定会紧张。

第二，对自己要有信心。如果你越是相信你的记忆，你的记忆就会有突出的效果。其实，考场上想不起来并不是没记好，而是紧张造成的。

第三，从好处去想。考试和打仗一样，最忌讳未开始先说败。因为它会使你因怕失败而感到紧张，从而真败了。所以应该想着此次考试由于准备充分，一定能取得胜利。如果考试时遇到难题，你也应该想到"题难，我不会，别人也一样不会"，"这道题没答好，可以努力把别的题答好"，"就是失败了，可以把这次考试当做实力摸底"等。如果这样想，就不会出现过于紧张的心理了。

第四，不要反顾。每次考完试，不要急于对答案，以免影响下次考试的情绪。如果老师或同学问起考试情况，可以婉言避开。抓紧时间看看下个科目。

第五，熟习考试。模拟考试会使你慢慢习惯考场活动，正式考试就不会怯场。另外还要掌握考试方法、技巧。如前边讲到过的，未能按时间分配计划进行答卷，以至没答完，或没审好答题要求，以至答偏了或答漏了。这必然会引起恐惧心理。特别是标准化考试，从出题形式到解答方法都与以前考试大不一样。因此，一定要注意事前熟悉一下标准化考试方法。

第六，不要怕题多。标准化考试一大特点是题多、题大、题杂（各种形式都有）。考生不要一看题多、大、杂就紧张。其实，只要你做一个时间表，按计划答题，肯定会答完的。

第七，使用心理松弛法。心情紧张时，可做深呼吸，喝杯热水，伏桌休息一会，都可收到镇静的效果。

7. 提高大脑灵活性的"心理松弛法"

考试中由于过度紧张使大脑出现一片空白，什么也想不起来，什么也想不下去。这时，如果用心理松弛法，使大脑进入一个新的意境。心理松弛法具体如下。

第一，以最舒服的姿势坐在椅子上，闭上双眼，重复三次深呼吸，呼吸、吐气，呼吸、吐气……

第二，此时在想象中来到一座五层大厦的一间红房间中，墙是红色的，地毯是红色的。红墙当中有一个白字"5"，我心中高声喊到"5"。然后，我漫步在这个红的世界里。

第三，随着电梯来到四楼，这是个金黄色的世界，一切都是金黄色，在墙上写了一个白色大字"4"。此时，我感到十分温暖。带着温暖的感觉我又踏上了电梯。

第四，这里是涂满了翠绿色的颜色，使人置身于一片青翠的草原中。绿墙上写着"3"。在这片绿意盎然的草原中，我的心情变得愉快舒畅。我又踏上了电梯。

第五，来到2楼，我突然被周围的深蓝色所吸引，仿佛来到大海边，又像置身于蓝天之中。看到蓝墙上写着"2"，我心中叫着"2"，一望无际的蓝天和碧海，尽收眼底，我已完全融入其中。

第六，怀着这种心情来到电梯，下到1楼。这是淡黄色的世界，周围布满了明亮的淡黄色。我吸气，吐气，来到大门。我游历了这座缤纷的大厦后，慢慢地数着数，睁开眼睛。

心理松弛法是要求心理产生身临其境的感觉，思想专一，才能达到放松目的。不可有"不可能"的想法，相反要有自信心。

8. "必胜"信心的作用

在考试中有一个十分重要的潜意识心理因素,即暗示的反射作用。如玩扑克时,经常有一胜总胜、一输总输的现象。这就是人的暗示反射作用结果。当人连胜的时候,他会怀有必胜的信心,而连败时,心理总有怕输的念头。这种潜意识心理使得你大脑中形成一种新动力定势,或保留你成功的模式,或保留你失败的模式。所以考试前应有必胜的信念。

怎样树立起必胜的信念,考试前应不断暗示自己。

第一,这次考试对我说易如反掌。

第二,我一定要达到目标。

第三,对我来说记住复习大纲是一件轻松的事。

第四,我的体力充沛,精力饱满。

第五,目前我的记忆力最强,意志力最集中,正处于巅峰状态。

第六,我一定能选出正确答案。

第七,知识重点都烙在我的头脑中。

第八,我有100%的必胜把握。

第九,我的成绩一直优秀,这次也一定能考好。

这样,肯定的暗示会使你发挥得更好。

9. 如何集中注意力

"想集中注意力,但苦于无方",这是大多数考生的烦恼。怎样集中你的精力,这就要因人而异了。不过大多数学生在下列状况时,精力最集中。

第一,周围的人都在紧张地答题时。

第二，目标被归纳时。

第三，身心放松时。

第四，时间紧迫时。

第五，集众人期望于一身时。

第六，每道题都迎刃而解时。

第七，眼见习题即将解答出来时。

第八，理解题的内容而又觉得快乐时。

第九，不肯认输时。

可见谁都有精力集中时，这并非难事。那么你为什么无法集中精力，主要"妨碍因素"是什么，通过上述九项对照，发现你的问题所在，再"对症下药"就会收到好的效果。

10. 宁可保持适度的紧张，而不可掉以轻心

考生考试时常感到头晕，昏昏沉沉的，这是过于紧张而引起的，不必担心。应该放松放松就会减轻些。考生最紧张的时刻，莫过于发考卷到考试开始那段时间。坐在后面的学生总觉得前排学生看起来从容不迫，似乎早已胸有成竹，只有自己紧张。过于紧张不好，它会引起怯场，应按前述方法加以调整。但是，适度的紧张并无害处，它可以使你处于临战最佳状态。相反，如果丝毫不紧张，或掉以轻心反而更危险。它可以使你在不知不觉中失去许多得分机会。因此，保持一定适度的紧张有益无害。

11. 注意锻炼自己的视敏度和视广度

标准化考试从试题方面看，具有文字量大，选项相似性大等特点。它要求考生在很短的时间内快速阅读，并迅速辨别、理解其内容。以

便进行判断、确认。如果考生缺少视敏度和视广度等优秀心理素质，就是因此而吃亏。所以，平时学生应有意识地锻炼自己的阅读速度、视广度、理解力等，更好地从素质方面适应标准化考试。

第四节　临场方法指导

在考试中，常常出现这样一些现象，即学生实际水平与考试成绩不平衡现象。这种现象存在的主要原因在于学生只注意知识的复习，而忽视了应试方法和应试心理的准备，缺少对考试这一工具适应的准备。应试的方法也是一门科学，因此，应该不断地进行自我总结，摸索出适合自己特点的适应方法。这里仅就几个方面谈不同的方法，供师生们参考。

1. 搜集考试资料

考试前要对课程范围进行最后的确认，看看自己的复习范围内是否有遗漏，即明确考试的准确范围。之后弄清考试的形式，比如是客观型试题，还是主观型试题，或者二者兼有之，其比例各占多少。还有每次考试的时间、卷子页数、答题方式等，这些问题不可等临考前一天才准备，或者不闻不问，这样会影响你考场上的心理稳定性。

2. 考前最后复习

适应考试的最佳方法是系统地经常复习，包括：
①下课后立即整理笔记；
②每天要看一下当天的课堂笔记；
③每周复习一次；
④每月总复习一次。

这种复习方法可使记忆保持 80％的水平，考前稍微复习一下，知识就能很快地达到高水平。

考前 4—8 周是最后复习，这种复习属于强化复习，是不可缺少的一步。强化复习不能再仔细阅读课本和笔记，是将以前所学的东西整理一次，而不是吸收新知识。将笔记和书上的重点整理好，边思考边回忆，印象会更深。也可以自己经常提些问题思考。当然历届考试真题是最好的复习参考资料。

当临考前 4 周时，应在笔记本上进行重难点标记，以加强记忆。这种方法只适用于学习冲刺阶段，不适用于过早时期，以免书和笔记被画得乱七八糟的。

复习时，应列个时间表，平均分配各科的复习时间，避免厚此薄彼等偏科现象。也不可将相似的科目放在一起复习，这样各科间会起干扰作用。

临考头一天晚上，再用 1—2 个小时作最后一次强化，会收到十分好的效果。

复习总计划

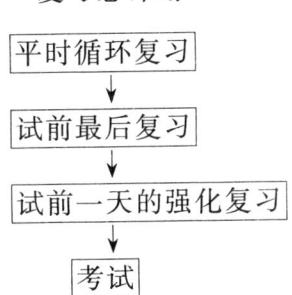

3. 多做模拟考试试题

做模拟试题有 3 个好处。一是使你了解自己的实力，知道自己的薄弱环节，从而客观地分析自己，并进行有针对性的复习。同时了解自己的优势，遇到可以选择的试题时，就能扬长避短地选择自己较擅长的试题。二是争取积累些考试经验，训练自己在短时间内将所要说的东西都表达出来的能力。三是熟悉考试用语。考试用语十分简练，有些语言差别不大，但意思完全不一样，因此，一定要熟悉考试专用术语。

4. 考前要保持良好的身心状态

考前切不可开夜车，彻夜读书有两个坏处：一是在身心疲惫情况下，不能进行最佳学习，学了也记不住多少；二是由于睡眠不足，第二天考试也不能有好的精神状态。

考试期间，吃高蛋白的早餐为好，如鸡蛋、牛奶等，能使你全日精力充沛。另外，复习期间，每天都要保证文体活动时间，即使考试的日子也应有点运动时间。运动能促进血液循环，使大脑获得充分的养分，更加有利于考试。

总之，"睡眠""营养""运动"三要素是保证学生考试时身心健康、精力充沛的关键。

5. 减少不必要的精神压力

考试本来就紧张，由于在短时间内要接收并加工大量知识信息，所以学生脑细胞一直处于高度紧张状态。加上家长、社会、学校教师的种种影响，压力会更大。学生自己应尽量减少再给自己施加压力，并通过其他办法来抵消那些外在压力。如果精神压力大，过于紧张，会影响睡眠、吃饭，使脑细胞处于最差的抑制状态，考场上也会出现反应迟钝、思维停顿等现象。考生临考前要善于自我减压。首先应有必胜的信心，其次不妨多想一想一次不行再来一次，这次考不好下次再考一次。放松思想，就能吃得香、睡得着了，考场上也容易发挥出最佳水平来。

6. 做好物质准备

参加高考的学生，要做好物质准备。

（1）熟悉考场

了解考场的地点和环境，去考场的路线、交通工具及所用的时间，去考场的时间是否是交通高峰期，怎样避开高峰期。如果乘车不行，是否准备了自行车，自行车坏了又怎么办，这些都要做好准备。

（2）带齐学习用品

有的学生过于紧张，忘带准考证、铅笔、钢笔等情况经常发生。为避免上述情况，最好的办法是单独买一套专用考试用具，连同准考证、钱等一同放在这个专用书包中，平时不动，到时拿起就走。为了以防万一，应将准考证号记在学生证上，带在身上。

（3）注意饮食卫生

考试期间，一定要吃好、吃饱，更要注意饮食卫生，预防生病。生病后，即使已治愈，可体力恢复仍需时间。所以一定要以预防为主。

7. 考试当天注意

考试当天，要早点起床，以便有充裕的时间吃早饭，做早操，检查备品，从容到达考场。千万不要匆忙赶往考场，否则会引起学生紧张心理，影响集中注意力。

到达学校时，无论其他同学猜题、苦读、嬉戏，还是谈天说地，都不要理会。考试前几十分钟，应将精神集中起来，如看看报纸等，目的是集中精神。许多学生不知道这点，考前打闹，到了考场上，精神怎么也集中不起来。另外，有些学生考前谈论考试难易，也会令考生焦躁不安，影响学生情绪稳定。

8. 怎样答卷

第一，卷子发下后，不要急于阅卷，先把名字、考号写在试卷和答卷上。千万不要最后写，防止因为到时间而没写上。标准化考试答卷要求用涂号方法标上你的考试科目、考号等，一定要按教师的要求认真涂好。如果涂错了，这张卷子的成绩将不能记入你的名上。

第二，阅读解答要求。试卷前面都有关于本科试卷的考试解答要求和须知，如哪类考生答哪部分题，哪类考生不答哪部分题，哪些题是选做题，哪些是必答题，答前必须先看清楚。听清老师关于考试解答要求的说明也十分重要。

第三，制订答题计划不懂得分配时间答题，是众多学生考试失败的主要原因。许多学生认为，试题文字量与该题在考试中的地位是成正比的，试题字多，就重要。因此只顾一个一个地答，一个一个地做，最后到时间了，还差1—2个题没答完。本来是会的题，结果都白白地丢了，时间都浪费在不会答的题上了。解决这个问题的办法是设计一个合理的时间表。

时间表要求如下：

（1）时间分配要和试题分数成正比。分数多的，时间要长些；分数少的，时间要短些。

（2）对每题的限定时间不可超过。完不成的，暂时放手，留待最后解答。

第四，浏览试卷。接到试卷后，不要急于答题，应先快速通览一遍全卷，了解各题的大致内容，确认一下哪些较难，哪些较简单，然后从容地做起。这样可以对试题的类型、每题所占的比例和分布有所了解，做到心中有数，为正式答题打下基础。通读试卷不是浪费时间，而是预防错漏，少走弯路，合理利用时间，是提高答卷效率的有效方法。

第五，先易后难解答试题。知道了考试的大概内容后，按照顺序，先易后难地解答各题。一般试卷题目的安排在难度上呈阶梯形，由易到难依次排列。前面多是基础知识的题目，后边多是综合性题目。这种答法有三个优点：一是解答容易题通常较快，可留出大量时间解答难题；二是容易的题得满分率高，难题得满分率低，把能到手的分丢了，而希望不大的分又没得到，是解答试题战略上的错误，应该先把能得的分，用全力得到手，再去攻克难得的分，能得多少是多少；三是多答对一题，心情会较镇定，精神也会集中，无暇胡思乱想。

第六，慢审题，急答题。审题是学生发挥的关键，题没审好就答，往往会造成南辕北辙的结果，答的再好也没用。审题时一定要稳一点、慢一点、准一点。有的考生把题看错了，出了考场才明白，后悔莫及。

参加任何考试至关重要的一步是反复阅读考题要求，在答题之前认真审题。读题一定要细心推敲题意，掌握已知条件，看准所求问题，分析条件和问题之间的关系，回忆所需的有关知识。对于较大的综合题，必要时做些摘录：求什么，给了什么条件，条件不够如何找"梯子"，并注意所给条件和所求答案之间的差别。如：给半径求直径，给角速度求转速，给厘米求米等等，要分解开来，一步一步求解，或画草图帮助分析。作文更要用心审题，弄清题目主旨，不要忽视限制性词语。总之审题一定要做到一不漏掉题，二不看错题，三要看准题，四要着眼整个题目的条件和要求。要细而又细，慎而又慎，"咬文嚼字"反复琢磨。尤其是看似容易的题目，更要字字斟酌，句句推敲，严防错觉。有些题目似曾相识，更不要疏忽大意，造成错漏。如果审题不细，一字之差，致使平日苦功废于一旦。

第七，多思考。考试中有些考生一遇到难题就乱了手脚，之后不假思索地乱写一通，以填满卷子为目的。其实，所答非所问无论你写多少也是徒然的。与其乱写倒不如冷静地思索一下问题，想好后，哪怕只写几个字，由于解答正确，也会得几分。对那些一时想不起来的问题，可先放一下，可能在答其他题时会突然想起来。

第八，不要漏答一题。答题一定要按时间计划进行，这样一般不会出现时间不够的现象。假如在考试中遇到试卷题量过大，那么也不要漏题，至少要用剩下的一点时间把答题提纲写上。

第九，书写要整齐。卷面书写要工整，字迹要清晰，如果字迹潦草容易使阅卷人看不清，致使丢掉这部分分数。有的阅卷人在一张接一张地批阅试卷时，难免产生腻烦之感。此时，如果再碰上字迹难以看清的答卷，他们是不会费神费力地去辨认的。因此这种情况下被扣分是难免的。答卷中的书写格式也相当重要。文科内容要符合题目书写要求，理科解题步骤要清楚、正确，已知、求证、因为、所以，不能缺头少尾，丢三落四。合乎逻辑、严谨正确的解题步骤不仅是答题的规范要求，还可以帮助启发思路，检查答案的正确性。标准化考试答卷，如果乱涂乱抹，还会使机器无法准确评分。

9. 争取满分的要素

争取满分光有扎实的基本功不行，还必须控制考试过程中的失误。如果注意防止失误，就能接近满分。如何控制失误，我们归纳为以下几点：

第一，题意未完全了解时。问题较长时，还没搞清楚重点和题意就匆匆地答题,是失误的一个主要原因。考试时,学生有一种"快点找出答案"的心理。在这种急于求成的心理诱使下,往往没仔细分析试题就开始答题,结果一误全题错。那么应该怎样审题?

无论什么问题都由四个部分组成:

(1) 问题内容,即考查内容,如"怎样理解在辩证唯物主义哲学中唯物主义、辩证法和认识论的三者统一?"在这种试题中,考查内容是辩证唯物主义哲学中的唯物主义、辩证法和认识论。

(2) 设问,即要求回答的角度和方法。上例要求回答的是"理解三者统一(的关系)"。还有"请判断……""请选出最恰当的一个答案""选出正确的(凡正确的都可选,没数量限制)"等。

(3) 解答原则,即怎么完成试题。如"正确的画""请将适当的内容填入括号""请将正确的选项号在相应的位置上用铅笔涂上"等。

(4) 回答,明确记入答案的位置。如有的要求直接在试卷上解答,有的要求在答卷上解答等。

以上四部分,每题都有,其中第(2)部分最重要,是最易出错的地方。许多学生一看问什么了就开始动笔答,而忽视了要求怎样答,从而失去了得分机会。所以,一定要审清题意,在关键词上有所标记,然后再开始思考、解答。

第二,答题中途遇到疑惑时。答题中途被"难题卡住",而影响全部试题解答,也是常见失误之一。这种情况应按下列顺序答题:

(1) 自认为很简单的题。

(2) 曾经练习过的题。

(3) 内容短而简单的题。

把难题、不会题、复杂题先放在一边。按时间分配表,用不到一半的时间解答前边提到的三种简单题,最后再慢慢思考,处理难题。

这是一种方法,即先把能得到的分先拿到手,再继续设法攻取高分。

攻克难题是考试中夺取优异成绩的关键。攻克难题首先应确信:考题难度一般不会超出所学知识的范围,只不过是拐弯多、综合性强,因此都有解答的可能。解答难题的关键在于对题目进行认真分析和综合,寻找突破口。有的难题难在拐弯处,即答题条件不是直接给出,这就要分析找出所给条件和未知条件之间的隐蔽关系。抓住这一点,就抓住了解题的关键,抓住了主要矛盾,其他方面也就迎刃而解了。另外,有的难题难在综合性强,这就需要灵活运用多种知识,调动多种认知手段,从所给的条件出发,通过分析有关材料,运用正确的思维方法,全方位加以考虑。一个角度攻不下来,就换一个角度,再进行进攻,不要被思维定式所束缚,突破定式,往往能达到"柳暗花明又一村"的效果。有的题目不能解答而形成难题,是由于紧张遗忘了有关概念、公式、单词等,遇到这种情况可以运用多种线索进行联想追忆。当反复追忆没有效果时容易焦躁不安,此时应暂时中断追忆,先做别的题目,让大脑得到放松;过一会儿,情绪干扰排除后,所需要的知识就有可能提取出来。

第三,突然忘记,怎么也想不起来时。考试中常常出现知识记得很清楚,可突然怎么也想不起来的事情。这时千万不要乱,处理的办法有以下几种:一是先从外围入手,寻找线索。例如:英语考试,当忘了"秋"的单词时,可想想春是 spring,夏是 summer,冬是 winter,那么秋应该是 autumn。二是转移一下注意力,松弛一下紧张情绪,具体是先答会的部分,将没答上的部分,在卷头标个记号,当神经紧张度缓解下来后可能会突然想起,这时再回过头来填写上。三是表象回忆法,想一想该知识内容在书的哪页上,或笔记哪页上,该页上可有哪些知识,这样在瞬间回忆中会想起要答的知识来。哪怕有一个字或一个词的闪光也会使你茅塞顿开。

第四，遇上完全未见过的应用问题时。试卷一打开，一眼看到其中一题从未见过，也未听过。这时切勿自认为"可完了"，应该先稳住情绪，再进行思考。

第五，不能肯定两种解答中的哪一个时。在考试中会遇到两种答案不知哪个正确的情况。这时，可按下列三步进行选择：一步，认真思考正确答案；二步，以最初想到的答案为正确；三步，用学过的知识逆向检验。

老百姓中有句话，叫"习惯胜于学习"，意思是指习惯的作用十分大。我们在答题回忆时，由于多次复习也产生一种"惯性"，总会将自己复习熟的东西脱口而出，所以，最先想到的可以为正确的答案。考试中自己本来答对了可又改错了的例子不少。当然，这种凭直觉回答问题是缺少依据的，可靠性也低，因此，应再检验一下。办法即用答案逆推问题，看是否正确。

第六，想写的答案太多时。答题写的再多，答偏了也要扣分，写的再少，答正了，也可以得多分。前边讲过，试题的中心是设问部分，考试时无论你答的多么丰富，如果偏离了问题的核心，就无法得分。

所以，应抓住问题的中心，先拟出答案提纲，再简单发挥而成。这样既不会偏离中心，又不会有遗漏。有的学生认为，准备时间过长，怕时间不够用。其实，这正是有效利用有限时间。

第七，答案大致完成时。有些学生答完后就离开教室，在别的同学眼里他一定是成绩好，可这却隐藏着许多错误。试卷答完后，一定要留出一定的时间进行审阅复查，这是答题不可缺少的步骤。考场时间紧迫，容易心情急躁，从而答题往往有错漏。最后的查缺补漏，订正差错是非常必要的。检查时要集中精力、冷静思考，从不同角度，用不同方法对答案反复检验核实，防止由于粗心与马虎而出错。

　　检查试卷一要仔细，二要耐心。首先要逐题检查，先查题目要求，对照原题，看是否抄错了数字、词语、符号；再看答题过程是否规范，计算抄写是否有错；最后检查答案是否正确，有无抄错抄漏的情况。如果仅就答案查答案，即使有错也不易发现，还会出现答案虽无错误，其实是所答非所问的情况。另外，还要检查题目是否有遗漏，特别是一题多问的情况。再者，前边做题时跳过的题目是否已都补做，这些都是容易遗漏之处。检查是答题中的最后一环。当有人交卷时，容易引起没答完和没检查完的学生的慌张，此时沉着、镇定、耐心、仔细非常重要，不要匆忙交卷，在时间允许的情况下，完全检查之后，认为准确无误，再交不迟。这样做必然会发现自己的疏忽或错误，也能提高 5—10 分的成绩。

　　只要按上述七点去做，一定会使考试成绩有大幅度的提高。

10. 客观型试题解答技巧

　　第一，由于客观型考试阅读量大，小题十分多，一定注意要小心阅读试题，不要看漏题。

　　第二，找出问题中心。

　　第三，在看选项之前，先想一下答案，然后再看选项。

　　第四，要仔细阅读每个选项的每个字。

　　第五，先从你认为简单的做起。

　　第六，在任何时候不要撞运气乱选。

　　第七，在难于做确定性选择时，可以：

（1）将肯定错的两个选项先划掉。

（2）认真比较剩下的选项——它们间有何相似之处？有何不同的

地方？

（3）根据所掌握知识，对不同点进行比较判断，选择最好的一个。

（4）在答得不确切的题前，作个记号，以便有时间回头再检查一下，思考一下。

第八，对难题解答不要超过计划限定的时间，实在想不出来就按上述办法答。

第九，试卷和答卷分离的情况下，一定要注意不要填错题号。如果填错一个，会影响下边都填错，待发现时再改，已经晚了。最好的办法是用左手压住答案纸一行一行划。

第十，由于客观型试题阅读量大，为不影响两页间试题的反复阅读，可将试卷拆开，这样既可以节省反复翻卷的时间，又可以防止由于忙乱而引起心理紧张。

第十一，在答题过程中，对没答上的题目，或把握性不大的试题做个记号。检查时不需要全部试题看一遍，因为试题量太大，时间不允许，这时只需要对有标记的试题进行思考一下就行。

第十二，为防止万一，除在答卷上写上名字和考号，在试卷和草纸上也要把名字和考号写上。

11. 标准化考试注意事项

标准化考试中应注意以下问题：

第一，用2B铅笔回答问题。

第二，应将答卷的格子涂满、涂黑，但不可涂到格外，否则计算机阅卷将会出现误判。

第三，更改答案时，务必用橡皮擦干净。

第四，答卷卡不可弄污、弄折，因为折线处黑色痕迹也会引起计算机的误判。

第五，一定看清是单选还是多选题。

第六，题目号与答案号应与答卷卡相应位置准确对应，切勿搞错，否则它会导致以下各题号全错。

第七，务必确认两次题号，答案号与答卷卡的位置后再答，以免涂错。

第八，客观型试题阅读量大，最重要的技巧是抓住关键词句。

第九，解答选择题的方法有3个：

①立即知道正确答案，从选项中挑出来。

②排出错误答案，从中选出正确答案。

⑧运用已学过的知识综合分析，找出正确答案。

12. 论述语言应朴实

答题时应注意语言要朴实，将没用的字、多余的语言拿掉，教师给分时是按观点而不是按语言量。不少学生总认为答得多分必多，或尽可能表现自己的博知，因此造成近50%是多余的废话，既浪费时间，又影响答好重点观点。答题时，应该是问什么就答什么。如：有一道简述上海经济发展条件题，有的学生是从政治到经济，从历史到文化都谈到了。评分时，教师反倒认为该生没正确理解题意，答非所问，只能给50%的分。所以，一定注意扣题，语言要朴实，文笔还要简练、流畅。

13. 克服粗心大意

许多学生，特别是年龄小的学生考试时出现粗心、马虎的现象非常多。经常把加法看成除法，或把加法看成减法，结果使成绩大受影响。粗心大意的原因多是学生只注意问题重要部分，而忽视了次要但又是重要的部分。运算过程中，也只注意运算过程和解题过程，而忽视了进位、小数点等枝节问题。但是在考试中，结果错了，老师仍然要判失分，不会因为你马虎而不扣分。因此，在检查答案时，一定要注意这些小的地方，要西瓜、芝麻一起拾，才能保证得满分。

14. 逆向检查法

卷子答完后不要急于交卷。有些同学喜欢"斗快"，结果却丢了不少分。其实，只要认真检查一遍就会发现不少问题，降低不必要的失分率。

检查的方法有两种：

一是以丢、漏、误为目的的检查。这种检查只要认真从头至尾，连同题目一起阅读一遍就可以。

二是以判断解答方向是否正确为目的的检查。这种检查的方法最好采用逆向检查法。逆向检查法是先看答案，再看问题，看是否概括出与问题一样的结论，或进行逆运算方法来检查。这种方法的优点是防止同一流程所产生的错误定式，便于学生发现错误。

15. 考试后分析

为了提高自己的基础知识水平，发现自己知识结构的弱点和不足，每次考完试都应进行试卷分析。

怎样进行试卷分析？

第一，先改错。把答错的题一一改正过来，并整理记入笔记上，作为今后重点复习对象。

第二，对丢分进行分析。一是从知识结构上分析，按大题题号算出错误率，之后顺序排列。这样对自己的知识结构缺欠就一目了然了。

如：英语试卷统计结果如下：

题号	内容	错误量	百分比	顺序
一	语音知识	3	30%	2
二	语法知识	8	26%	3
三	完形填空	7	35%	1
四	阅读理解	2	10%	5
五	能力倾向	3	15%	4
六	书面表达	1	5%	6

由上表可见，该考生知识结构主要问题是完形填空，其次是语音知识，再次是语法知识。

二是对错误的原因进行分析，在错误中分析一下审题错误扣几分，计算错误扣几分，记忆错误扣几分，马虎扣几分，理解错误扣几分，基础知识错误扣几分，实验过程错误扣几分，按扣分多少排列顺序，就找到本次考试丢分的主要原因了。

通过这种分析就可以抓住自己的主要问题，加以改进，从而提高学习效果。

第五节 复习方法指导

1. 及时复习好

学习最怕遗忘，所以才要复习。根据心理学家的研究，遗忘有以下几个特点：

第一，学习结束后，遗忘就已开始。

第二，遗忘速度规律是"先快后慢"。

第三，大部分遗忘是由于干扰所造成的，即新学知识对旧知识的干扰。

第四，不用的东西会很快被遗忘。

上述特点都说明一个问题，即不及时复习就会遗忘。这就是我们制订复习计划的重要依据。如果我们的复习能赶在大量遗忘之前，好比建筑物还没倒塌之前就加固，那么当然就会事半功倍了。

怎样及时复习，下边介绍一个方法。

第一次复习，下课后立即整理笔记，并记住其要点。阅读后，立即用自己的话复述一遍，这是保持记忆的最好方法。

第二次复习，在一日后预习新课之前。方法是重看一遍笔记，将要点用自己的话复述一遍，有不明白之处立即向老师请教。

第三次复习，规律性地在每周进行。每周六将本周所学的课全部复习一遍。

第四次复习，每周一次，将以前所学的东西全部复习一遍，穿起来思考、记忆。

这样有系统地及时复习，会收到最佳的记忆效果。

2. 最佳复习时间

复习要找最佳复习时间进行，才能收到更好的效果。什么是最佳复习时间？

第一，分散和集中。分散复习和集中复习的正确运用是提高复习效果的重要方法。一般来说，整理笔记、初次复习用集中复习为好，其他复习，分散复习优于集中复习。集中复习会使大脑很快陷于疲劳，而分散复习不但不会引起大脑疲劳，而且符合记忆规律，达到及时刺激的目的。所以，除集中整理外，分散复习优于集中复习。

第二，早晨复习与睡前复习。早晨起床后头脑最清楚，是复习的好时间。大多数人都喜欢起早复习，但从心理学研究角度证明，临睡前复习效果最好。因为制约复习效果的因素主要在复习之后的干扰大小。睡前复习，由于复习之后立即入睡，没什么干扰，所以遗忘少。而早晨学习后，上午要进行复杂的工作，这些活动明显地干扰了早晨学习的材料，所以产生了较多的遗忘。有人习惯于每天睡觉前，总要把一天的学习内容，像过电影一样在头脑中过一遍，这样就能收到巩固记忆的效果。

第三，找出你自己的最佳复习时间。人在一天内不同的时间里，记忆效果是不一样的。有一段时间效果特别好，其他时间的效果就相对较差。也就是说，有一个最佳复习时间的存在，如果在这段时间里复习，效果会最好。

有的人是上午的精力最佳，有的人是晚上的精力最佳。各人有各人的最佳时间段。你可以注意留心，把精力差的时间排除掉，找出最佳的时间段。

3. 有效的复习方法

有效的复习方法有：

第一，复述。用自己的话来复述书本中的重点词句。这样可培养自己的表达能力，而且容易使学习精力集中，加强记忆。

第二，重现。将复习的东西形象化，在头脑中重现出来。例如，生物课"消化过程"一节，可幻想头脑中出现一块食物，它是怎样被咀嚼吞下、进入肠胃等。

第三，摘要。将重要的词句摘要下来，或列出细目，而后边读边扩大内容。

第四，提示。读后试图背一下，背不下来的提示一下，这种方法记得更快。

上述方法并用效果最好。

4. 科学记忆法

科学的记忆方法可以成为你记忆的辅助工具，提高记忆率。下面介绍几种记忆方法。

第一，谐音法。利用谐音来强化记忆的方法。把记忆材料加上某种外部联系，这样就容易记忆了。如记忆某些历史年代，利用谐音法，会大有帮助。例如，马克思生于1818年，逝世于1883年，我们可以这样记"一爬一爬（就）爬（上）山（了）"。这样记忆会保持很长时间。

第二，算术法。利用数字材料进行加、减或乘的方法来帮助记忆。例如，明朝灭亡于1644年，后两位数字的乘积（4×4）等于前两个数（16），这样就容易记住了。又如，秦统一中国是公元前221年，221的各位数字加在一起正好是5，记住5就不容易忘了。

第三，口诀法。有些记忆材料可以编成押韵的顺口溜，朗朗上口，易读易记。例如，我国历史朝代可编成这样的顺口溜来记："夏商周秦汉三国，西晋东晋十六国，南朝北朝连隋唐，五代十国北南宋，辽西夏并金，还有元明清。"又如，地理课中记住黄河流经省市时，可这样记："青、川、甘、宁、内蒙古，直下陕、晋和豫、鲁。"这样记忆就形象多了。

第四，等距法。等距法是把几个时间差距相等的历史年代联系在一起记忆。如，1917年俄国十月革命，1919年"五四"运动，1921年中国共产党成立，时间都相距2年。也可以把同一年代事件放在一起记忆。如，抗日战争胜利、重庆谈判等都发生在1945年。

第五，利用材料特征记忆。许多记忆材料有自身特点，利用这些特点进行记忆效果就好。如，官渡之战发生在公元200年，孙权建立东吴是222年，蒙古灭金是1234年，法国资产阶级革命发生在1789年，努尔哈赤建立后金是1616年等。抓住这些数字的特征就好记住了。数学、物理、化学等公式也可以采用此类方法。

第六，联想法。联想法是利用事物之间的时间、空间、性质、因果等方面的联系帮助记忆。

（1）相似联想记忆。就是把记忆的材料与自己体验过的事物相连结起来的记忆。如，"这里的知识与哪个单元学过的知识基本一样"，"这点在哪本书里出现过"，这样想想再记，记忆效果更好。

（2）对比联想记忆。对各种知识进行多种比较，抓住其特性进行记忆。如，经济复苏特点与经济危机特点相比进行记忆。

（3）接近联想记忆。将记忆的材料整理出一定顺序就容易记多了。如，历史事件按时间顺序记就容易些。

（4）有意义联想记忆。把无意义的事物翻译成有意义的内容进行记忆。如，联合国成立于1945年，可整理为"联合国主要工作为维护世界和平1945"。这样加以整理，就方便于记忆了。

第七，反复记忆法。

（1）间隔记忆。实验表明，短时间反复记忆比长时间一次记忆效果好。如，动作训练时会有再怎么也不能提高的现象，如果休息一段时间再练习，会发现进步幅度很大。学习也是一样，长时间反复看一样东西，不如休息一会或分段学习，短时间反复学习，效果会更好。

（2）及时记忆。新记的知识会很快忘掉，其遗忘规律是"先快后慢"，因此，记忆后及时复习十分重要。

第八，图表记忆法。利用图表记忆会使复杂的东西系统化、简略化，只要看一眼，即可了解其内容，因此也比较容易记忆。

5. 帮助记忆的有效条件

有许多同学常常抱怨自己记忆力差，所以考试总考不好。其实人的记忆力潜力十分大，关键在于你怎样调动和使用。科学家表明，人脑的记忆容量是异常惊人的。平常人们在有生之年通常只用其10%以下。所以比目前再多些的记忆量你也能记住，问题是怎样记，下边是帮助记忆的条件。

第一，自信。要是对自己想做的事情没有信心时，脑神经系统内会出现抑制，其活性也就低落下来。对自己的记忆力要有信心，以增加脑细胞的活力。

第二，决心。只要下决心，自然可以记住许多东西。强烈的意志，可以使脑细胞活动加快，同时可以排除心理障碍，便于记忆。

第三，兴趣。一般都认为记忆力会随着年龄的增长而衰退，并把它看作是生理上的必然结果。其实不然，这是由于随着年龄的增长对事物的好奇心和兴趣相对降低的缘故。所以，记忆时一定要对记忆材料产生兴趣，这样就会在轻松愉快中把所要记的材料记住了。如果把要记住的材料当成包袱，感到乏味无趣，必然会影响记忆效果，只会事倍功半。

第四，多种感官参与。一般学习时，学习主要用视觉或听觉记忆。现代心理科学研究发现，光用某一种感官进行记忆效果都低，如，用听觉记忆，3小时后可保持70%，3天后只剩下10%；如果用视觉记忆，3小时后可保持72%，而3天后只剩下20%。而多种感官同时参与记忆，其效果就会大大提高，用视觉、听觉同时记忆，3小时后可保持85%，3天后能保持65%，因此在记忆过程中，应手、眼、耳等多种感官并用，会得到好的效果。

第五，思维。记忆时大脑要开展积极的思维活动，首先要对所记忆的材料充分理解，理解了的东西才能记住；其次，通过思维把所记忆的东西纳入已有的知识体系中，成为自己的东西才易记住；再次，对所记忆材料加以分门别类地整理，使其形成一个系统，系统的东西才好记全、记牢。

第六，在最佳的心理状态下记忆。俗话说"人逢喜事精神爽"，在这种心理状态下记忆效果一定好。实验表明，人的情绪状态与记忆效果有着密切的联系。过度的兴奋、过度的悲伤的情绪都不利于记忆。可见，良好的情绪能提高记忆的效果。为此，当兴奋时，可先冷静下来后再记忆；当过分悲哀时，也应通过其他活动，调节各种情绪，让情绪安静下来后再记忆。

6. 后退学习法

当复习出现难点搞不清楚时，说明这节知识的原基础知识理解上存在问题，也就是说前节或上一年有关知识理解的不深不透。因此，应倒退回去重新学习一下，再前进，如果还不完全清楚应继续后退。这样会逐步找出"病根"所在。

这种方法表面上看来很慢，又浪费时间。其实找不出病根的复习才是最危险、最浪费时间的。通过倒退复习方法找出"病根"，重建了基础，就会很快又回到"现在"上来，因此它是最快、最有效的方法。

7. 集中精神的要诀

集中精神，专心用功，这是复习的首要条件。注意力不能集中，就会干扰正常的复习效果。集中精神应注意做到以下几点。

第一，不要犹豫不决。有些同学到复习时才考虑"应复习什么"，

"先看什么"等问题，这样不仅浪费时间，而且很容易涣散注意力。解决的方法是有个详细的复习计划，有条不紊，按部就班地复习。

第二，减少胡思乱想。一些学生复习时总会出现一些其他的念头，胡思乱想，做"白日梦"，这是极不好的习惯。每当思想不集中，另有所想时，应有意识地立即中断这些念头。

第三，避免情绪困扰。在复习中有时会突然想起来还没解决的其他问题，如，个人问题、同学关系等。它会使你产生一种不好的情绪，妨碍正常复习。这时应把问题写下来，之后收回注意力复习，问题等复习后再考虑。

第四，采用备忘录。日常有许多要做的事，比如，寄信、开会、买东西，把这些事记到备忘录上，这样既不会分心，又不会影响你安心读书。

第五，在固定的地方学习。复习时应在固定的地方复习，会使固定的书桌和学习意识自然地联系起来。一坐到书桌前，就会集中精神复习。如果天天无固定地点复习，这样想集中精神也难。

第六，不要背景音乐。现在相当一部分同学喜欢边听音乐边复习，认为这样可在轻松愉快的氛围中复习。其实，根据专家们关于背景音乐对学习影响的实验证明，背景音乐是不利于学习的，所以在复习时应关掉CD机等。背景音乐只会分散你的注意力，削弱你吸收知识的能力。

第七，不可强忍饥渴。复习中出现饥渴是正常的生理现象。如果你急于复习，不理会它，就会发现饥渴的感觉反而会越厉害，使你精神分散，影响复习。倒不如用几分钟，喝点水，吃点东西，抖抖精神，再去复习。

8. 怎样清除疲劳

有许多同学刚复习不到半小时，就打呵欠，眼皮沉重。接着放下书本，随手拿起一本杂志兴致勃勃地阅读一个多小时，却毫无半点倦意。显然，这不是真正的疲倦，而是"枯燥"引起的大脑皮层的抑制。

解决方法有以下几点：

第一，有足够的睡眠、营养和运动，保持良好的生理状态。

第二，注意椅子和书桌的比例，椅子太高或过低都会出现疲劳，影响复习效果。

第三，学习的灯光也很重要。不适当的光线会刺激眼睛，引起情绪紧张，产生疲劳。学习时光线要注意避开强光，强光会刺激视觉神经，消除弱光，弱光也会使眼睛很快疲劳。

第四，安排不同学科交替学习，以免长时间复习一门课，而感到枯燥，产生心理疲劳。

第五，对一些枯燥乏味的学科，可采取几个人讨论的复习方法。由于同学间互相影响，会使枯燥无味的科目变得有兴趣。

第六，看些不同的参考书。不同的参考书，作者不同，其表达技巧、语言风格也不同。你可能会找到适合你口味的参考书，这样能大大提高你的复习兴趣。

9. 不同基础的学生的数学复习方法

第一，基础差的学生应怎样复习。

如果平常考试数学成绩都在及格线以下，复习期间最好熟记概念，然后结合概念题进行练习。对于选择题和填空题，除最后一个小题之外，一般都不具有多大难度，所以要对这些题多做多练；对于解答题中的前几题，也要试图有所突破，因为这些题目一般都是对基本技能和基础知识的考查，如果复习时注意练习和思考，解决这些问题应该问题不大，而对于那些压轴题和对自己来说偏难的题目，在复习和考试中要学会放弃，只要把自己能够学会和会做的题目做准确，这就是最好的发挥。但在整个复习过程中要真抓实干，如果寄希望于临场作弊，试题即使再简单也做不出来。而这些同学往往意志力很差，很难做到对自己的严格管理，希望家长结合老师的意见，对孩子要抓到位，帮助孩子进行学习上的管理。如果不贪求难题、怪题，只要从基础抓起，在分数上有效突破，将不成问题。

第二，中等生怎样复习。

如果平时考试数学成绩总在优秀线上下徘徊，要力求在基本概念和基本技能上下功夫，这部分学生的共同特点是：计算题和比较简单的几何证明题做得还不错，往往是在选择题和填空题上丢分太多，对压轴题更是一筹莫展。而概念题往往是体现基本概念的掌握和理解，要熟记这些概念，注意学以致用，基本概念的考试题往往不是让你默写概念，而是用灵活的方式去体现对概念的考查，不做一定数量的练习，很难适应考场上试题的变化。因此，不仅要注意熟记概念，还要会灵活运用概念。记不住不行，记住之后不会灵活运用更不行。除此之外，还要注意平时多做一些带有难度的题以拔高自己。在平时训练时，要多用考试的方式要求自己，把作业当考试，通过一次次模拟练习提高选择题、填空题的答题准确度。对于解答题，也要多用课本上的例题和相关材料上的例题作为训练内容，自己先做，然后对照课本或材料上的例题解法，看自己做题过程和思维方法如何，通过一定量的练习就会掌握相关类型题目的解题方法。在考试的时候要求一遍准，尽量不留遗憾。

第三，优秀生如何复习。

优秀学生之间的差别就在于拔高题的完成上。这部分学生在完成基本题方面不成问题，问题就在于最后两道题做得是否正确。对于最后两题的完成受两个因素的制约：其一是平时自己对拔高题的历练，其二是考试的时候个人的心理状态。在复习中，在基础知识和基本技能训练的基础上，再多做一些拔高题，从对这些题的练习中得到解题能力的提高。另外，有很多题只要有毅力，在头脑冷静的状态下是可以做出来的；如果心神不定，思维混乱，即使能解出来的题目也做不出来。所以平时加强考试心理的训练，有利于考试水平的发挥。

第九章　外国考试制度比较

第一节　外国中小学学校考试

1. 考试的争论

学校应不应该有考试是教育史上争论的老课题，从学校考试出现起就争论，直到当今。今天，许多教育家、许多学校仍然反对考试，认为考试不利于培养学生求知欲和对学习的热情，学生整天死读硬背，枯燥无味，处于一种焦躁不安的心情中；考试不利于培养学生合作精神，使同学成为对手而不是伙伴；考试奖励服从者、适应者，而惩罚弱者、有个性者，不利于培养有个性、有独立思维能力的学生，使学生学得谨小慎微，学习中不敢发挥，缺乏创造性；考试不利于培养学生正确的道德观，为了分数不肯帮助别的同学，"成功者"趾高气扬，"失败者"灰心丧气。而更多的教育家和学校认为，考试是教学过程中的重要环节之一，通过考试教师可以得到教学效果的反馈信息，学生也能实现自我评价，而且还是教育行政部门了解和把握教学质量的主要渠道，因此，考试具有一定的积极意义。

但是在实践中，不同国家、不同学校在运用考试方法上却截然不同，大体有四种类型。一是把考试作为教学过程的环节，通过考试的反馈信息来调整教学情况；二是把考试作为评价方法之一，通过考试了解情况，综合其他方面信息，全面评价学生；三是把考试当作培养学生能力的方法之一，不仅要培养学生的自学能力，而且还应培养学生的自我评价能力；四是把考试当成手段——"管、卡、压"学生的手段，成为学生追求各种考试（特别是升学考试、资格考试）的目的，成为学生学习的动机（为了取得高分而学习，为了能评上"好学生"或获得奖学金而学习）。这四种类型，有的积极，有的消极，有的则代表了改革的方向。可见，考试的作用如何，关键还是在于怎样来运用考试的问题。

2. 校内考试的模式

学校内考试大体可分为三种模式。

第一，直接评分模式。中国是代表性国家，学校考试按100分评分，分数是评估学生的权威性指标，按分排队，按分评定好学生，按分取人，则是这种模式主要特征。

第二，评定模式。评定模式即实行等级分制，外加综合鉴定构成对一个学生的权威性的评估。捷克斯洛伐克中小学按不同年段采用不同等级分制，还有文字鉴定。对1—4年级学生采用两级制，即及格和不及格；对5—9年级学生采用优良、及格、不及格3个等级；对中学生则采用优良、可嘉、及格、不及格4个等级。对学生鉴定有以下几点：(1)学习愿望与学习态度；(2)学习成绩；(3)劳动态度和参加社会活动情况；(4)参加少先队活动情况；(5)个人兴趣、创造性潜力；(6)对公共财产的态度；(7)对集体的态度。保加利亚小学1—3年级无期末考试，每学期只有书面评语，保加利亚教育家们认为，对于低年级儿童用鉴定方式评价其成绩、智力和个性等，要比用简单的分数评价更具体，更形象，也容易被低年级儿童所接受。而对中高年级学生则采取6等级制，目的是为了进一步区分学生发展水平，突出那些优良学生。东欧一些国家对学生操行也实行等级评分，有5分制的国家，也有3分制的国家。如果学习成绩有1门或2门不及格者也可升级，但是操行评定有一门不及格就不能升级。

第三，评价的模式。评价的模式即通过考试、作业、教师观察，分门别类地对学生进行评价，以达到全面评价学生各方面发展情况的目的，而不是仅仅看一个学生学习成绩怎么样。法国小学校低年级和中年级实行3级分制，高年级采用5级分制，中学采用20分制。法国在对一个学生评价中，十分重视学生的学习态度，其次才是学习成绩。法国的"学习态度"评价内容见下表。法国教育家认为积极的学习态度比学习成绩对一个学生更为重要。

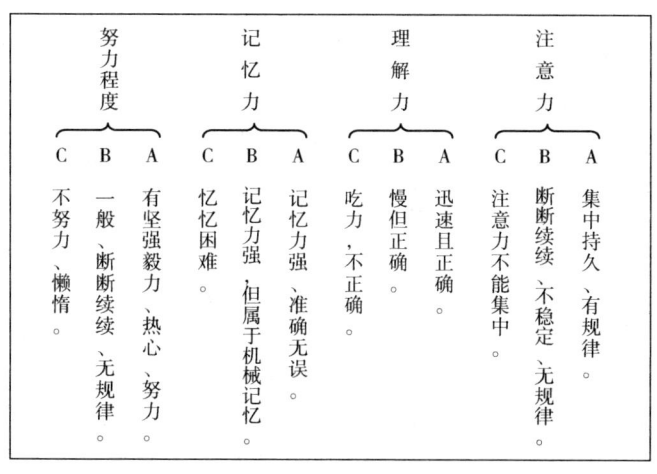

	A	B	C
注意力	集中持久、有规律。	断断续续、不稳定、无规律。	注意力不能集中。
理解力	迅速且正确。	慢但正确。	吃力，不正确。
记忆力	记忆力强，准确无误。	记忆力强，但属于机械记忆。	记忆困难。
努力程度	有坚强毅力、热心、努力。	一般、断断续续、无规律。	不努力、懒惰。

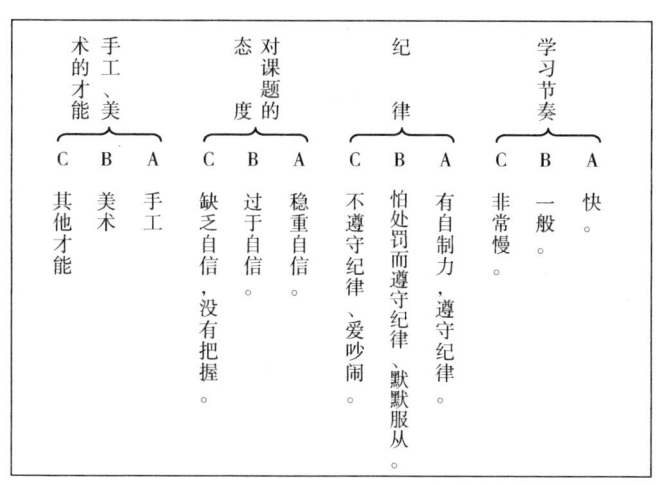

	A	B	C
学习节奏	快。	一般。	非常慢。
纪律	有自制力、遵守纪律、默默服从。	怕处罚而遵守纪律、爱吵闹。	不遵守纪律。
对课题的态度	稳重自信。	过于自信。	缺乏自信，没有把握。
手工、美术的才能	美术	手工	其他才能

德国中小学评分方法依各州而异，但是德国十分重视个人全面情况评价。德国教育家认为学校的任务不仅仅是传授知识，更重要的是塑造一个人，造塑一个学生具有良好的心理、行为素质。下面是德国（原西德）柏林基础小学校学生评价表一部分。

个人的全面特征

		身体的能力					
身体的敏捷度	笨拙，不灵巧						敏捷，机灵
		手的灵巧度					
	笨拙，迟钝						手巧，灵敏

		对同学的态度					
团体	不活泼，不交友						活泼，爱交友
		在同学中的适应性					
	不完全适应						完全适应
		自信心自我认识					
	无自信，不安						自我意识，确信

		在同学中的位置					
行动	服从别人						指挥别人
		感情表现					
	不引人注目 不令人产生印象						多感，引人注目
		上课时的表现					
	依赖，不适应						积极，有自信

智力发展情况	平常，无想象力	创造力					富有创造力想象丰富
	不关心，消极	求知欲望					兴趣浓厚，关心
	不能集中，涣散	集中力					集中，指向目标
	暂时的粗心	校内外工作					值得信赖，细心
	如爬行一般	学习效率					如风似箭
	依赖别人	学习态度					自主积极
	无特色，不引人注目	思考力					引人注目，善于思考
	记忆力差，不值得信赖	对学习内容的记忆					记忆力强值得信赖
	不引人注目，贫乏枯燥	语言（表达）能力					引人注目丰富多采

日本评价一个学生有三部分内容，一是考试成绩，小学1—2年级采用3等级分制，4—6年级采用5等级分制；二是学习情况评估；三是品行、性格评估。下表是日本文部省规定的全国统一学生评价表格。

学习评定

学科＼年级	1	2	3	4	5	6
日语						
社会						
算数						
理科						
音乐						
图工						
家政						
体育						

学科评价表

学科	分项	学年	1	2	3	4	5	6
国语	语言的知识、能力							
	表现能力	作文						
		说话						
	理解能力	阅读						
		理解						
	书写							
	兴趣、态度							
社会	知识、理解							
	运用资料能力							
	思考、判断能力							
	社会现象关心、态度							

续表

学科	分项		学年 1	2	3	4	5	6
算术	知识、理解							
	技能							
	数学分析方法							
	对数、量、图的兴趣、态度							
理科	知识、理解							
	观察实验技能							
	科学思考方法							
	对自然的兴趣、态度							
音乐	表现能力	唱歌						
		器乐						
		即兴表现						
	鉴赏能力							
	对音乐的兴趣及态度							
图画手工	表现能力	绘画、雕塑						
		设计						
	鉴赏能力							
	对造型的兴趣及态度							
家政	知识、理解							
	技能							
	对家庭生活的兴趣及态度							
体育	运动技能							
	有关保健知识							
	对运动、保健的兴趣及态度							

教学与考试

品行、性格评价表

观点＼学年	1	2	3	4	5	6
生活基本习惯						
自主性						
责任心						
意志						
创造性						
忍让						
团结						
公正						
公共心						

3. 考试评定方法

考试评定方法有三种：一是测验、考试，多为笔试，如，我国的期中考试、期末考试、升学考试等。二是作业，教师通过作业了解学生学习情况，作业有课堂作业和课外作业，有独立作业和作业集，东欧一些国家大多注意作业的作用。保加利亚还规定小学低年级不考试，教师利用作业来掌握学生学习情况，中高年级、中学可以进行考试，但要严控次数。捷克斯洛伐克规定中小学考试次数和时间，非经校长特批，不允许增加考试次数。三是日常观察，将教师日常对学生观察的情况也一并记入学生评价中，日常观察是评价方法的主要手段，英国、美国等国十分重视教师日常观察对学生评价的作用。把观察所见与考试、作业结合在一起，是当前世界流行的考试评定方法，很少有用单一的方法来评定学生的，因为三种方法都有其一定的片面性。

4. 当前世界中小学考试改革趋势

第一，考试向评价过渡。考试本身具有片面性的特点，一直受到教育家们的批评，认为考试限制了儿童受教育机会均等的原则实现，在儿童间划出不同等级，一部分学生可以受到全时间的教育，一部分学生则逐渐被淘汰，不能受到应有的教育。此外，一些教育家还认为，学校教育不应仅仅传授知识，更重要的任务应是培养社会需要的合格公民，即具有健全人格、身心全面发展的公民，这些任务仅靠考试是不能实现的，相反有碍于学生全面发展。而评价是建立在考试、观察基础上的综合评定方法，因此，越来越受到各国欢迎。现在世界绝大多数国家采取评价方法来评定学生。

第二，评定等级因学年而异。学生特别是小学生学习的兴趣尚未形成或处于极不稳定状态，身体、心理正处在发展过程中，用考试、百分制排队等方法评定学生会使学生兴趣由内部转向外部，考试会加重学生心理压力和负担，大多数国家在小学期间采取等级制，年级越小等级越少，级差越大，年级越高，等级越多，级差越小。如，捷克斯洛伐克小学是三等级评定制，中学是四等级评定制；法国小学低年级是三等级评定制，小学高年级是五等级评定制，中学是二十等级评定制；日本从1992年起取消小学一二年级的考试，实行教师观察评定方法。为了促进儿童身心发展，小学限制考试将是世界改革的趋势。

第三，采用绝对考试。评定也离不开平常的学习测验。考试有两种模式，一是相对考试，相对考试是以学生集合为参照系的考试，永远是考生间的比较，容易引起学生间的竞争，近几年不再受各国欢迎；绝对考试是教学目标参照考试，是以教学目标为参照系的考试，它可直接反映学生实际掌握知识、技能的水平，所以受到越来越多学校、国家的欢迎，也被更多的国家在实际中应用。但是教学目标的制订又成为教育研究的新课题。

第四，吸收学生参加自我评价。学会生存，教会学生学会学习是世界性教育研究的课题，那么，如果学生不会自我评价，不具有自我评价能力、批判能力就不可能是真正意义的"学会学习"。因此，一些国家正在实验如何培养儿童自我评价能力。在评定中，吸收儿童参加将是今后世界努力的方向。

第二节 各国考试制度模式

由于历史的、社会的以及传统文化的原因，各国考试制度形成了不同的模式。

1. 考试方式模式

考试方式有两种模式，即中等教育终了资格认定型模式，大学入学统一考试模式。

第一，中等教育终了资格认定型模式。中等教育终了资格认定型入学考试方式（简称"资格认定型"）是指只要学生通过高中毕业考试（或会考），并获得毕业资格证书，同时也就自然获得大学学籍登录权和进入大学学业的资格。学生可以自由进入大学学习，无需第二次大学入学考试。

中等教育终了认定型模式入学方式特点：（1）高中毕业考试合格就可以获得普通教育终了资格、大学学籍资格、就职参加工作资格这样"三重资格"，把三个资格融为一体；（2）这种考试一般是按学区举行的，有高等学校参加的，具有相当的社会威信的国家考试，国家对其考试的公平性、有效性等进行严格的监督；（3）这种考试一般是由普通教育（高中）方面主持，大学也派人参加，并负责制题。试题的中学课题为基本范围，或者由社会设立公共考试机构，大学方面、高中方面派人共同主持考试；（4）考试不合格者即不能上大学，也不能毕业，按留级处理，社会上没有因没考上大学而闲居的人。

这种类型考试模式的国家有英国、法国、瑞典、西班牙等，以欧洲国家为多。这些国家实行大学入学考试中等教育终了资格认定方式，有其历史和社会背景。中世纪以来欧洲教育一直是以"七艺"为中心的"绅士教育"，后来加入神学、医学、法学等其他自然科学，但"绅士教育"传统未变。在以"绅士教育"为基础的"下构型学制"中，贵族子弟享有从预备校一直读到大学毕业的特权，对他们来讲，不需要竞争性的入学选拔考试，只要获得本教育阶段毕业资格，就可以自然升入上一级学校继续学习。因此，形成了自由升学的教育资格制度及其观念。工业革命以后，"上构型学制"的产生及发展，双轨制学制的形成，以及后来在欧洲爆发的统一基础学校教育运动，使广大劳动人民子弟也获得了受教育权，同时也获得了接受高等教育权利，但由于历史的原因和思想观念及上层建筑某一些部分的相对独立性，各种传统教育资格制度及观念并未改变，一直沿用下来了。在以能力主义为中心的欧洲教育，后来为了解决选拔优秀学生进入大学学习和中等教育中的普通教育与职业技术教育平衡的问题，在小学和中学间开始设立第一个资格考试，进行学生分流，决定学生是进入普通中学，还是进入职业学校接受不同发展方向的教育。英国的"11岁考试"、法国的"11岁考试"和德国的"10岁考试"就是这种考试。随着义务教育的普及年限延长，"11岁考试"等考试也取消了。这种资格考试最大优点是经济性，整合几种考试为一次考试，可以节省大量考试费用，减轻学生考试负担。

现以法国和英国为例进行说明。

法国设有大学入学资格考试。起源于1808年拿破仑实施的《帝国大学令》。在《帝国大学令》中规定，国家设立三级学位，第一级学位是业士称号，即大学入学资格；第二级学位是学士称号；第三级学位是博士。1966年法国又增设了硕士。拿破仑曾提出业士资格作为大学学籍资格和中等教育终了认定资格，是每个法国公民的基本资格。可见当时法国是多么重视普通教育的作用。发展到今天，业士资格变成了大学入学资格，具有入大学、中等教育和参加国家公务员工作的三种资格效用。这种资格考试由各大学区自行主持、出题。巴黎设立国家大学入学考试中心，负责考试工作，评分由中学教师进行，每年进行一次。

英国设有普通教育证书考试。这种考试起源于19世纪中叶，由几个大学和一些合同中学共同主持的一种考试。后由于类似考试达到百种，于1951年合为一种定名为"普通教育证书考试"。它同样有升大学、高中毕业、就业三种资格。普通教育证书考试在全英国设立八个地区，各地区分别举行考试。考试由大学教师、中学教师共同参加主持。内容以高中课程为基础。国家设立大学入学协议会负责学生与大学间的联系、办手续、咨询等工作。

第二，大学入学统一考试型模式。大学入学统一考试（简称统一考试型）是由某个考试机构负责全国考试，为大学提供选拔性信息的考试模式。它的特点一是具有统一的尺度性，用一个标准衡量每个考生；二是区别性，通过考试把考生区分开不同等级，为选拔优秀生服务。因此统一考试必然伴随着竞争。大学入学统一考试是从中小学会考制度发展而来的，所以在具有悠久考试历史的东方，大学入学统一考试最为盛行。

实行大学入学统一考试的国家有美国、日本、苏联和中国等国。但由于这些国家的历史和社会背景不同，其统一考试方法、利用目的及程度也不同。

美国。美国的大学入学统一考试是社会公共性的、非国家性的考试。由几家社会考试机构来承担其业务，其中以大学入学考试委员会和教育考试服务公司为最大。教育考试服务公司（Educational Testing Service）是个有2000名职员的考试服务和研究机构，负责全国大学入学考试委员会委托的大学入学考试试题制作、采分、考试实施等业务，内容是入学适应性考试。全国大学入学考试委员会（College Entrance Examination Board）负责确定入学考试方针，有关调查、研究和考试实施、选拔咨询等工作。大学入学委员会（CEEB）和教育考试服务公司（ETS）工作是属于社会服务性的，受大学委托，并为大学提供效度高的学生考测结果。该结果在决定学生录取中只起参考作用，由于这些考试机构是社会性的、公共性的，与大学无从属关系，只是服务关系。所以美国许多大学没加入该考试委员会，自己独立举行入学考试或无考试入学，录取条件、考生录取都由各大学自行规定。

日本。日本是被称为考试地狱的国家。大学入学考试分两次，第一次考试是国家考试，国家设立考试中心，负责全国国立大学考试的方针确定、调查研究、试题制作、考试实施、试卷评分等全部工作。考试内容以考查高中必修课为主。第二次考试由各大学单独进行。第一次考试的考分对于能否参加第二次考试以及是否能被录取起着重要作用。两次考试的考分是决定学生录取的根本条件。考分和决定考生录取中的作用大于美国，但具体录取条件，还是由各学校自己规定。

苏联。苏联统一大学入学考试不同于美国和日本。它由国家规定统一招生工作条例、政策、考试要求、录取条件等，由各大学独立举行考试，独立录取，是国家统一指导监督下的大学单独招生制度。考试内容以高中课程为基础，将各科考分汇成总分，按分数段录取，其中考分起决定作用。

2. 考试方法模式

考试方法从具体方法可分笔试、笔试加口试和标准化考试三种类型。

第一，笔试型。笔试型考试是以出简答题、问答题、论述题等试题形式为主的考试方法，考查学生运用知识的能力。法国、英国资格考试以笔试为主，属于这种类型，阅卷采分题都由手工进行。

以法国为例。法国试题由各大学区各自制作。多采用大题目，少题量，考生需要长时间完成答案。例如，1982年巴黎地区地理考试题："从以下三个问题中选择其中一个回答，答题时需要若干统计。（1）美国的农业。（2）西德的人口。（3）日本的经济发展。"1983年巴黎等地区的数学考试题："从装有7个红弹子和3个蓝弹子的摇鼓中一次摇出5个弹子。如果5个颜色一样，这个人能得到7法郎；如果3个红的，2个蓝的，只能得到3法郎，其他情况不得钱。（1）如果只摇一次。(a) 得到7法郎的概率是多少？(b) 得到3法郎的概率是多少？(c) 一点儿没得到的概率是多少？（2）某人赢了，除了钱以外还得到礼品券。这个人摇5次时，得到3张礼品券的概率是多少？"

笔试型考试是传统考试方法，应用最广，各国都在不同程度上使用。

第二，笔试加口试型。即运用笔试和口试两种方法考查学生知识和能力情况。苏联和德国（原西德）就是其中的两个国家，而且这两个国家更重视口试成绩。

西德大学入学资格考试由各高中自己主持出题进行。考试方式笔试、口试都可以，而且两种形式都有。基本要求有三个，一是"掌握"，即对基本理论、基础知识、基本技能、公式、法则、定理等的掌握情况；二是"运用"，即对掌握的知识能做到类推性运用和举一反三地运用；三是"判断"，即对独立课题，可以组织资料进行独立设计实验计划等能力。这实际是一种教育目标管理体系，各校按此要求和具体目标进行出题考试。

第三，标准化考试型。采用客观型试题考试，并运用计算机评分，所以客观化考试效率高、效度也高。美国、日本等国都是采用此种方法实施大学入学统一考试。

日本是采用标准化考试规模比较大的国家之一。试题由考试中心制作，全部用选择型试题。有正误选择、多项简答选择、连接选择、结合选择等。试卷与答卷分离。答题时只在答卷固定的格上用铅笔涂色，阅卷由计算机进行。全国考卷几天就能阅完并核出分数，二周内即可以通知结果。速度快、误差少、效度高、经济，因此代表了高考方法的方向。

考试方法从考试次数上分，可分为复试型和单试型。

几乎所有国家高考中都设有复试型考试。如美国、日本、英国、法国、加拿大等国。中国、美国、日本、加拿大等国，复试在录取中作用最大。因为复试才能直接地、具体地掌握考生的基本素质和专业能力特点。在复试中口试方法应用最多。

3. 录取模式

录取模式从决定权方面看，可分大学决定型和大学与地方入学考试委员会共同决定型。

第一，大学决定型。大学决定型是指在考生录取中完全由大学独立决定。如，美国、苏联、日本等国，录取都由大学决定。大学或大学各系有权决定每个考生的取舍。

第二，大学与地方考试委员会共同决定型。大学与地方考试委员会共同决定型的特点是地方考试委员会依志愿生的志愿和大学招生情况，分别将学生档案资料选送到不同大学中。各大学可以进行面试，也可以不进行就录取，除非专业不适合理由外，不能随便将志愿生的档案资料退回。大学虽然是最后录取决定者，但地方考试委员会有监督、选送等权利。

如，英国、法国、瑞典等国就属此种类型。这类国家都属于"资格入学"型国家，在这些国家中不需要大学入学考试，学生可以自由升入大学，所以大学无选拔权。

录取模式从决定入学所要判定的资料上分可划分为总分录取型、中学资料录取型、总分加中学资料录取型和条件录取型。

第一，总分录取型。总分录取型是指最后决定取舍的主要依据是考试总分。如，日本就十分重视考分比重。日本录取参考资料有：（1）第一次考试总分，（2）第二次考试总分，（3）中学调查书，（4）体检表等。但仍以总分作为最后决定资料，依考分顺序录取。

第二，中学资料录取型。中学资料录取型是指录取时只依据中学提供的志愿生全部中学时代资料来录取。如，英国、法国、瑞典等国，这些国家录取时主要审查普通教育终了资格认定考试成绩、平时考试成绩、教师的评语、校长的推荐意见等。

第三，总分加中学资料录取型。总分加中学资料录取型是指录取时依据中学提供的志愿生的全部中学时代的资料，参考统一考试的总分录取。如，美国就属于此类型。美国大学决定考生录取时主要参考资料有：（1）高中毕业证书，（2）大学统一入学考试成绩，（3）中学成绩单及标准分，（4）中学校长及教师的推荐信，（5）复试情况。在录取中，美国大学更注重中学资料和复试情况，考分只是参考资料之一。

第四，条件录取型。基本条件录取型是指国家或大学规定某些入学条件，凡符合条件者均可自然入学或优先入学的录取办法。条件录取型各国考试中都有。如，泰国分全国统一入学考试和分配入学两种入学条件；印度有些大学设有阶级、种族优先入学的条件；日本分统一入学考试、推荐入学和特别入学（外国留学生、海外归国学生等）三种入学条件。

4. 入学考试内容模式

入学考试内容反映一个国家高等教育目标和理想人的形象。它对中学课程特色给予直接影响。入学考试内容按教育目标可分成三种类型。

第一，高等教育型。欧洲一些国家历史上以"七艺"为基本教育内容，以"绅士教育"为特色。这些历史和文化的影响，至今在许多国家仍然十分严重。例如，法国、意大利、西班牙等国，在大学入学考试中仍然以高度的知识教养为考试主要内容和评价目标。这些国家中，无论什么专业的考生都以语言、文法、逻辑、哲学为共同考试科目。

第二，专业知识型。这类考试是要求考生按报名专业分别应试不同的考试科目。它以考查学生专业课深度为目的，以保持学生专业水平。如，苏联就是这一类型。但这种过早专业化教育观点经常受到教育家们的批评。过早的专业分化会导致学生的知识结构变得狭窄起来，学生思考模式会出现固定倾向化，使学生思维缺少柔软性、综合性和广阔性，不利于学生发展。

第三，基础知识型。基础知识型考试以广泛考查学生各科基础知识为主，统一考试科目，不按专业分科考试，以妨过早专业化倾向。这种考试多用标准化考试方法，日本就属于此种类型。它反映出这类国家对基础教育的重视。为了防止标准化考试考查知识面广而浅的弱点，不少国家在应用标准化考试同时还伴随着论文考试或口试，以弥补标准化考试的不足。

第三节 各国考试制度改革现状

由于考试制度在教育及社会上的作用，因此，各国都把入学考试改革当作一个国家教育改革的突破口。20世纪80年代世界入学考试制度改革有以下几个特点：

1. 统一入学考试不断扩大

欧洲有着大学独立招考学生即资格认定制悠久的历史。法国从19世纪初拿破仑时开始了大学入学资格考试；英国19世纪末开始实施公共考试，于1951年实现普通教育证书考试；意大利、西班牙、挪威等国也从19世纪开始实行大学入学资格考试制度。到今天都有古老的历史。但是由于人类文明的发展，教育水平大幅度提高，大学入学人数猛增，特别是名牌大学入学志愿生增加过多。因此，一些国家的大学和某些大学的院系不得不实行入学定额限制。随之而来，那种中学毕业资格认定和各大学共通入学资格融为一体的古典入学考试制度出现了裂缝，而且这种裂缝不断扩大。西德、法国、英国等国一方面加强资格认定考试，另一方面一部分大学为了限制入学学生数量，开始实行选拔性入学考试。

而在更多的国家里，资格认定考试制度受到种种批判。批判它落后于时代提出的要求，落后于现代生产力为人类提供的可利用的先进技术、方法。要求在大学入学考试中统一考试科目，统一考试方法，统一考试范围和水平，实行全面统一考试。西班牙于1970年废止了资格认定考试；挪威于1982年停止了资格认定考试；巴西于1972年开始实行全国统一入学考试；日本于1979年实行全国统一入学考试；我国于1979年实行全国统一入学考试；美国从20世纪以来一直实行大学统一入学考试。

总之，随着教育水平的普及和提高，大学入学人数的增加，社会对大学入学考试关注的加强，统一入学考试已成为世界大学考试制度发展的趋势。

2. 标准化考试的广泛应用

欧洲各国资格认定考试中大都采用论述式或论文式方法。这种考试方法虽然可以考查出学生知识、能力的深度，但由于主观性太强、效率低，因而受到批评。美国从1920年开始采用客观式考试方法。客观式考试方法是法国心理学家比纳创造出的一种心理测量方法。经美国改进，用于大学入学考试之中。今天，客观考试当作指定考试方法仍被美国大多数国家广泛应用着。标准化考试有以下优点：第一，标准化考试有效性高，由于标准化考试是集中组织、研究出题，出题可以达到标准化，所以通过对考生高中知识与能力的考查，可以预测他们在大学学习的成功度；第二，标准化考试具有公平性，实行标准化考试，特别是社会公共性的标准化考试可以避免某个地区、某个学校、某个教师出题及评分的差异所带来的不公平，实现了用同一尺度衡量不同地区、不同年段的每个考生；第三，通过统一高考，取消个别大学单独出题，可以消除特定大学对该地区高中或某某高中的制约与影响；第四，由于采用光学阅卷机，实现了采分机械化，消除了采分、合分误差，达到了采分客观化；第五，由于出题标准化，测量范围扩大，防止了出偏题、怪题，对于抑制考生押题心理，全面考核学生知识起到促进作用；第六，由于采用计算机采分、合分，可以在极短的时间里迅速处理几十万、几百万甚至几千万张考卷；第七，实行标准化出题，使通过计算机对试题分析，找出问题，科学地改进考试的理想成为可能。正因为标准化考试有以上优点，所以在很多国家、很多领域广泛应用起来。

3. 加强选拔弹性化改革

统一入学考试，特别是标准化考试虽然有许多其他考试方法所不具备的优点，但也存在着一些弱点。如，标准化考试在考查学生能力、技能的种类方面有一定局限性，在考查学生知识掌握深度和人的思想、修养等方面也有局限性。因此，靠一次考试决定一个人终生的考试制度，对于广大考生来说是不公的。另一方面统一化考试必然伴随着竞争，竞争考试不仅影响考生的健康，干扰高中正常教育秩序，而且成为影响社会安定因素之一。考生竞争激烈化迫使大批考生在高考的羊肠小道上艰难的疲于奔命。

针对统一考试存在的以上问题，世界各国进行了以下两个方面的讨论与改革。

一是主张像英国、法国等国家那样的资格认定制度，认为这种中等教育毕业认定资格和升学资格合一的做法，可以缓解升学竞争性，并能使高中教育与大学入学考试统一起来，提出用强化、严格高中毕业的资格考试来代替统一大学入学考试，减少社会"浪人"（没考上大学在社会闲呆的人），不合格者同时不毕业。

二是选拔弹性化，改变竞争式考试一考定终生的做法，增强其他资料在录取学生时的作用。如，美国在录取时十分重视高中时期的成绩、校长的推荐信、教师的鉴定和小论文、复试成绩等其他材料，把统考成绩只当作一个方面的参考资料。印度以高中各科成绩、学生平时活动记录为主要录取资料，还实行中考不合格者下次单科补考的办法。日本实行二次考试，这样给考生两次考试机会。其他国家还实行了标准化考试和小论文考试相结合的办法，统考与面试相结合的办法，但最多的还是加强考生在高中时期各方面综合资料在选拔、录取中的比重。

三是改变大学入学考试的单一考分数功能为多种评价、证明功能。以往大学入学考试是成绩主义，只有向学校提供考分的单一功能。许多国家提出大学入学考试应进行多功能方向改革：（1）通过设立不同考试群，每个考试群由不同考试科目组成，以适应某几个专业需要，使考生学力结构特点、专业适应性选拔同分数选拔相结合起来。（2）通过高考分数分析图的制作，使每个考生明确自己的知识水平、知识结构和知识薄弱点，以利于考生的进一步学习。（3）对社会具有资格证明作用。上述三项改革实现了大学入学考试弹性化改革。

4. 改进高中评价制度

各国在大学入学考试制度中，还有一个特点，就是改进中学特别是中考的学生活动记录、评价等工作。西德把完全中学最后两年的成绩列为大学入学资格一部分。法国提出把高中每学期考试成绩都作为大学入学资格考试的一个环节。西班牙把高中课程当作大学课程的基础进行改革，以便形成连续的评价过程。加拿大、瑞典、挪威等国把高中的成绩作为大学入学的决定性的评价资料来使用。美国部分大学还实行合同入学制，对某些高水平高中的学生学习成绩，大学方面承认对优良毕业生可不经考试和审查，直接升入合同大学学习。

5. 加强高中升学与就业指导工作

为了解决入学考试中的竞争和入学人数大于招生人数的问题。各国加强了中学生升学与就业的指导工作，这也成为世界性动向。美国、英国、法国等国都把此项工作列为重要工作来抓。加强中学生升学与就业指导措施有以下几个：（1）初中升入高中阶段时，做好第一次分流，指导以预测出不适合升大学的学生进入职业教育或技术教育高中，鼓励那些有升入大学可能的学生进入升学高中；（2）高中阶段实行严格的考试升级制，减少高中毕业时的不合格率，降低大学招生的压力；（3）高中毕业前，高中教师根据学生本人情况对学生进行升学与就业、职业适应性与专业适应性的指导，减少学生报考的盲目性；（4）学校同地区社会教育部门、家长密切配合，共同对毕业生进行升学与就业的指导。这些措施在一定程度上缓解了报考人数与招生人数间的极不平衡状态。

6. 大学入学多样化

许多国家在大学入学招生中改革过去那种单一性报考制度，扩大各种经历人员的招生比例，注重对社会有一定贡献的人的招收，增招不同年龄阶段的大学考生，使高等教育尽快导入终生教育的轨道。比如，瑞典就规定，对于那些高中毕业后从事4年实践工作的人，给予免试进入所希望的大学学习的资格。这些注重考生实际经验的人给予优先入学的办法，引起了世界各国的极大关注。再如，一般统一考试对于社会人和其他人来讲很难通过考试入学，但随着社会的发展，生活教育的提出，高等教育也必须向社会各年龄阶层的人同样敞开大门。美国大学里25岁以上的大学生占大学生总数的36%，是大学生平均年龄最高的一个国家。因此，美国开辟了不同人员的入学考试方法。美国的做法也被许多国家所研究、推广。

第四节 各国考试制度改革面临的课题

各国考试改革面临的共同课题，归结起来有以下几点。

1. 考试方法单一性与多样化

考试方法是考试制度的核心部分。怎样改革考试方法，各国提出许多方案，总共 7 种：（1）全入学方案，全体志愿人员，不需任何选拔，全部可以进入自己理想的大学学习；（2）抽选方案，对一部分名牌大学及重要系科，由于志愿生过于集中，采取抽签入选的办法；（3）推荐入学方案，由中学向大学负责推荐合适的学生入学的办法；（4）调查出方案，中学建立学生学习档案，仍有平时和各学期各科考试成绩、教师评语及优秀作业等；（5）统一考试方案，扩大统一考试；（6）适应性考试方案，改变高中以考基础知识为主为以学生入学后专业适应性为主的考试；（7）复试方案，加强大学复试或第二次考试的作用。上述方法各有利弊，很难决定其中哪个为最佳方案。多数国家都在改革过去单一性考试方法为多样化考试方法。但怎样做到方法的优选是各国研究的中心问题。有的国家提出全员入学方法与抽选方法结合的方案，有的国家提出统一入学考试方法与推荐方法、调查资料结合的方案；有的国家提出统一考试与各大学单独复试结合的方案。各有己见，各自研究。

2. 考试的僵硬性与弹性化

随着教育的发展，社会结构、经济结构的变化，高等学校内的学生构成发生了很大变化。这些变化表现为：（1）随着世界经济国际化的到来，大学教育国际化也随之出现。各国大学，特别是一些名牌大学里外国留学生的比例骤然增加，美国哈佛大学研究生院里三分之二的学生是外国留学生。定时制学生增加，许多大学生是一边从事工作一边读书，每周来校几十个小时，其余时间工作，这样学生在美国占大学生总数的 35％左右。（2）延期入学制，一些国家对考入大学的学生允许其先工作，服役 1 至 2 年后再返回学校学习。（3）少年班制，大学允许优秀的中学生跳级提前进入大学学习，这种制度在中国、美国等许多国家存在。学生结构的变化，要求大学入学考试方法也要改变过去那种用固定的、单一的方法去选拔不同类别学生的做法，应根据不同类别的考生采取相对灵活的考试方法，但怎样改革也是面临的新课题。

3. 考试闭销性与开放化

生涯教育的提出，高等教育又面临新的课题，即如何适应生涯教育的教育体系改革，处理好闭销性与开放化的问题。一些国家为适合生涯教育的到来，在大学入学考试中开设成人考试科目，并明确规定所谓"成人"年龄下限或工作年限。如，美国、加拿大都在进行成人招生考试的改革。另一方面，一些国家为应付大学入学人数猛增的实际情况，将一直开放式入学改为选拔性入学。印度近几年来，一直进行这方面的改革，如何处理大学入学考试制度中的闭销性与开放化也是今后各国改革中面临的课题。

4. 资格认定制与统一考试制

资格认定制与统一考试制是考试制度中的两大阵营，二者都有自己的历史、自己的哲学理论和自己特定的方法。各国在进行大学入学考试制度中，有互相学习的趋势，即资格认定制向统一考试方向改革，统一考试向资格认定方向改革。但这种改革并不是合一的改革。几个主要国家，仍然强烈地坚持本制度的优越性。两种类型的考试制度的争论仍然会继续下去。

5. "选拔"与"选择"的问题

"选拔"与"选择"的问题已列为国际教育改革的目标，是改革的中心理论与实践问题。"选拔"是指大学考试以社会需要为中心，采取选拔式考试方法挑选学生的一种制度。它是把社会要求放在主导地位，把考生个人需要放在从属地位的一种教育观念和考试原理。"选择"是指大学入学考试以个人需要为中心，采取社会提供大学信息，学生自己选择入学的一种考试制度。它是把个人兴趣、发展、需要放在主导地位，以大学作为发展每个人的个性的手段为目的的教育观念和考试原理。不同的考试原理形成不同的考试制度。这两种考试的基本原理问题涉及到人类所期待的教育目的的问题和教育与社会关系的问题。因此，这个问题的争论与改革在今后随着社会变革会更加激烈，并成为改革的焦点之一。

6. "先考试，后志愿"与"先志愿，后考试"的问题

"先考试，后志愿"与"先志愿，后考试"的问题也是考试制度改革中争论的两个模式。有些国家过于重视高中时期的考试成绩、评价在大学入学考试中的作用，甚至将高中时期学生出缺席情况也按一定百分比计入高考成绩中。这种考试制度一般被称为"先考试，后志愿"模式。与之相对，而完全依赖于大学入学统一考试和大学复试制度被称为"先志愿，后考试"模式。前种模式经常被指责为过于注重高中成绩，而忽视大学方面对入学适应性的考查，缺少统一标准，只要高中期间成绩优良、评语好，就等于大学入学考试合格，可以报考相应的大学，所以被称为"先考试，后志愿"。后种模式经常被指责为只一次考试就决定考生一生的发展的"一考定终生"制度，完全忽视考生平时情况。这两种模式谁为优，是否有更好的第三种、第四种模式，也是各国面临的研究课题。

7. 开发新的更有效的考试方法

考试方法是选拔人才的主要手段。因此，新的考试方法的开发是各国主要研究的课题。标准化考试在很大程度上抑制了主观性考试的

弱点，使考试方向向前迈进一大步，它以大面积、高速度、多容量的特点被越来越多的国家所接受、采用。然而标准化考试考查范围有限，除了知识考查外，对学生的创造性等各方面的能力考查尚不理想。因此，更新的考试方法的开发、研究也是各国考试研究的重要课题。